한국 사회에서
공정이란 무엇인가

한국 사회에서
공정이란 무엇인가

공정한 나를 지켜줄 7가지 정의론

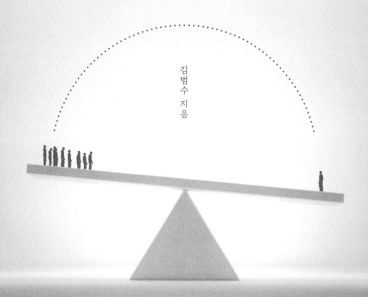

김범수 지음

아카넷

모든 사람이 원론적으로 '공정함'에 동의하지만, 현실적으로 그 가치를 구현하는 일은 쉽지 않다. 다양성과 평등을 지향하는 민주주의 사회에서 공정은 사람마다 그 기준은 다르지만, 하나같이 그에 대한 엄정한 정의가 요구되기 때문이다. 이 책은 존 롤스를 비롯한 규범적 정치이론가들의 다양한 시선과 명료한 이론으로 공정의 함의를 제시함으로써, 우리 민주주의의 논의 수준을 한 단계 높여줄 것이다.

— 강원택(서울대학교 정치외교학부 교수)

공정은 능력주의, 즉 재능과 노력에 따라 분배해야 한다는 이념과 같은 의미인가? 세계적인 석학들은 예리하게 벼린 각자의 개념틀을 통해 공정, 정의, 불평등이라는 인류사적 난제를 치열하게 탐구했다. 저자는 접근이 쉽지 않은 학술적 논의를 평범한 독자의 눈높이에서 솜씨 좋게 요약했다. 이 책은 '공정'이라는 말은 범람하지만, 정작 공정에 대한 이해는 턱없이 부족한 우리 사회의 획일적인 공정 담론에 마침맞게 도착한 길잡이다.

— 박권일(사회비평가, 『한국의 능력주의』 저자)

일러두기

인용문은 모두 저자가 직접 번역하였으며, 인용문의 고딕체는 원문에서
강조한 것이다.

왜 공정인가? 공정이란 무엇인가? 공정은 정의로운가?

　'공정公正, fairness'과 '정의正義, justice'의 의미를 명확하게 구분하는 것은 쉽지 않다. 일반적으로 공정과 정의 둘 다 올바름을 뜻하지만 공정은 주로 분배와 관련된 올바름을, 정의는 분배보다 좀 더 포괄적인 올바름을 지칭하는 용어로 사용된다. 예를 들어 이익을 나누거나 각자의 몫을 나눌 때 '공정하다', '공정하지 않다'라고 이야기하는 경우는 있어도, 전쟁에서 총에 맞아 죽어가는 동료를 구한다거나 길거리에서 어려움에 처한 낯선 사람을 도와주는 행동에 대해 공정하다고 이야기하는 경우는 없다. 반면 정의는 '공정한 분배는 정의롭다'처럼 분배가 공정하게 이루어진 상황에서도 사용할 수 있고, 동료를 구하거나 낯선 사람을 도와준 행동에 대해서도 사용할 수 있다. 이는 정의가 공정을 포함한 좀 더 포괄적인 개념이기 때문이다.* 그렇다면 공정하기만 하면 모든 것이 정의로운가? 공정한 것이 좀 더 포괄적인 차원에서 정의롭지 못한 경우는 없는가? 반대로 불공정한 것이 좀 더 포괄적인 차원에서 정의로운 경우는 없는가?

미국에서 남북전쟁이 한창이던 1863년 1월 1일, 에이브러햄 링컨Abraham Lincoln 대통령은 당시 북부의 연방정부에 대항해 반란 상태에 있던 남부연합Confederate States of America에 속한 주와 주의 일부 지역에서 모든 노예를 해방하겠다고 선언했다. 그러나 이 선언은 해당 지역에서 연방정부가 행정력을 행사할 수 없었기 때문에 선언으로서의 효과만 갖고 있었을 뿐 단 한 명의 노예도 해방할 수 없었다. 다만 북부연방군이 세력을 남부로 확대하면서 1863년 1월 1일 이후 북부연방군이 점령한 지역에서 순차적으로 노예들이 해방되었다. 노예해방선언은 더 나아가 적용 범위를 "반란 상태에 있는 주와 주의 일부 지역"으로 제한했기 때문에 노예제를 인정하면서도 연방에 계속 남아 있었던 네 개의 접경주, 즉 메릴랜드, 델라웨어, 켄터키, 미주리와 남부연합에 속했지만 남북전쟁 와중에 연방이 다시 통제권을 회복한 테네시, 웨스트버

---

* 책에서는 이러한 구분을 염두에 두면서도 특별한 구분이 필요하지 않은 경우 공정과 정의를 별도로 구분하지 않고 함께 사용했다.

지니아, 루이지애나 남부 등에 살고 있던 약 75만 명의 노예는 이 선언의 혜택을 누릴 수 없었다. 그럼에도 이 선언을 계기로 미국에서 노예해방은 본격화되었고, 결국 1865년 12월 6일 노예제를 전면 금지한 수정헌법 제13조가 발효되면서 노예제는 완전히 폐지되었다. 이에 따라 남북전쟁 이전 약 400만 명에 달했던 흑인 노예들은 최소한 법적으로는 자유인이 되었다.

그렇다면 발표 당시 제한적 효과만을 갖고 있었던 노예해방선언은 공정한가 불공정한가? 사회적으로 화두인 공정의 관점에서 보면, 노예해방선언은 절대적으로 불공정했다. 우선 이 선언은 당시 노예 상태에 있던 미국의 모든 노예에게 공통적으로 적용된 조치가 아니라 발표 당시 "반란 상태에 있는 주와 주의 일부 지역"에 살고 있었고, 이후 북부연방군에 의해 점령된 일부 지역의 노예들에게만 혜택이 돌아간 '편파적인' 조치였다는 점에서 불공정했다. 노예해방선언은 또한 발표 이전에 이미 다수의 흑인 노예들이 죽음을 무릅쓴 각고의 노력을 통해 북부 지역으로 탈출해 자유를 찾은 상황에서 '아무런 노력도 하지 않고' 남부 지역에 그대로 남아 있던 '능력이 부족한' 노예들에게 '시험과 공개 경쟁을 거치지 않고' 무조건적으로 자유를 부여했다는 점에서 불공정했다. 더 나아가 노예해방선언은 노예를 '재산'으로 소유하고 있던 남부 농장주들에게는 재산권을 일방적으로 박탈한 불리한 조치였던 반면 해방된 노예를 값싼 노동력으로 고용하고자 했던 북부

공장주들에게는 일방적으로 유리한 조치였다는 점에서 불공정했다. 그러나 이처럼 불공정하다는 이유로 노예해방선언에 반대한다면, 이는 정의로운가?

'정의론theory of justice'으로 잘 알려진 '규범적 정치이론normative political theory'은 공정과 정의의 문제를 다루는 정치학의 한 분야다. 1950년대와 1960년대 과학적 방법론과 통계적 방법론을 강조한 행태주의behaviorism의 유행과 함께 구미 정치학계에서 한동안 관심이 줄어들기도 했지만, 1971년 존 롤스John Rawls의 『정의론A Theory of Justice』 출간 이후 철학과 법학은 물론 경제학과 사회학 등 관련 분야를 대표하는 학자들이 정의론 논쟁에 뛰어들면서 다시 살아났다. 이 분야를 대표하는 이론으로는 롤스의 '평등주의적 정의론egalitarian theory of justice'을 비롯해 로버트 노직Robert Nozick의 '정의의 자격 이론entitlement theory of justice', 로널드 드워킨Ronald Dworkin의 '자원의 평등equality of resources 이론', 아마르티아 센Amartya Sen의 '역량capability 중심 정의론', 마이클 왈저Michael Walzer의 '다원주의적 정의론pluralist theory of justice', 아이리스 영Iris M. Young의 '정의와 차이의 정치justice and politics of difference 이론', 찰스 바이츠Charles Beitz와 토머스 포기Thomas Pogge의 '세계정의론global justice' 등이 있다. 그렇다면 우리 사회의 공정 문제를 정의론의 시각에서 바라본다면, 어떤 논변이 가능한가?

우리 사회에서 공정이 화두로 등장하면서 무엇이 공정인

가에 대한 논란이 거세지고 있다. 일부에서는 기회 균등과 과정의 공정성을 강조하며 대학 입학과 취업 등에서 기회의 배분이 '공정 경쟁'을 통해 '검증된 능력'에 따라 이루어져야 한다고 주장하는 반면, 다른 일부에서는 사회 전체적인 차원에서 공정하고 정의로운 결과를 도출하기 위해 과정에서의 불평등은 어느 정도 용인되어야 한다고 주장한다. 논란이 지속되는 가운데 정치권과 언론은 자신들의 진영 논리에 따라 특정 사안에서는 기회 균등과 과정의 공정성을, 다른 사안에서는 결과의 공정성을 강조하며 공정 이슈를 상대 진영을 공격하기 위한 소재로 활용하고 있다. 그러다 보니 공정과 정의에 대한 진지한 성찰과 토론은 사라지고 모든 공정 관련 이슈들이 정치공방의 대상으로 정치화되는 경향이 나타나고 있다. 이 책은 규범적 정치이론 분야를 대표하는 세계적인 석학들의 7가지 '정의론'과 함께 우리 사회의 공정 문제를 논하며, 우리 사회 공정 담론의 문제는 무엇이고 논의의 지평을 확대하기 위해서는 무엇이 필요한지 논의한다.

　　서론「개인주의적 능력주의는 공정한가」에서는 '개인주의적 능력주의' 공정 담론을 중심으로 공정에 대한 우리 사회의 인식을 살펴본 후 고대와 근대의 공정론을 알아본다.『니코마코스 윤리학*Nicomachean Ethics*』과『정치학*Politics*』을 중심으로 공정을 '각자에게 합당한 각자의 몫을 나눠주는 것'으로 정의한 아리스토텔레스*Aristotle*의 공정론을 살펴보고, 근대 이후 아리스토텔레스의 공정론이 어떻게 수정되었는지, 특히 근대 인권 사상과 민주주의의 발전이 공정 문제를 이해하는 데 어떠한 영향을 미쳤는지 알아본다.

1장「선별적 복지는 공정한가」에서는 규범적 정치이론 분야를 대표하는 '롤스'의 '평등주의적 정의론'의 관점에서 선별적 복지를 둘러싼 공정성 논란에 대해 살펴본다. 롤스는 『정의론』에서 '공정으로서의 정의justice as fairness'를 논하며 정의를 기본적 자유와 권리, 기회를 최대한 균등하게 분배하는 것으로 규정한다. 그러나 이것만으로는 사회적 약자를 보호할 수 없기 때문에 분배 구조에서 가장 열악한 위치에 있는 사회의 '최소 수혜자'에게 '최대 이익'을 보장하기 위한 소득과 부의 차등적 재분배 필요성을 주장하며 선별적 복지를 옹호한다.

2장「소득 격차는 공정한가」에서는 재산 취득과 이전 과정에서의 정당성을 강조하는 '노직'의 '정의의 자격 이론'의 관점에서 소득 격차의 공정성 문제를 살펴본다. 노직은 개인이 자신의 노동을 투입해 가치를 창출하고, 이를 자발적으로 교환, 증여, 양도, 유증하여 나타나는 재산권 배분은 사회적으로 불평등한 결과로 이어지더라도 그 자체로 공정하고 정의롭다고 주장하며 소득 격차를 정당화한다.

3장「상속과 증여는 공정한가」에서는 출발선상에서의 '자원의 평등'을 강조하는 '드워킨'의 관점에서 상속과 증여의 공정성 문제를 살펴본다. 드워킨은 사람들이 "평등한 조건에서 [경쟁]

시장에 들어올 수 있도록" 출발선상에서 자원의 평등을 보장하는 것이 정의라고 주장하며 상속과 증여의 불공정성을 지적한다. 또한 개인의 선택의 결과로 발생한 불평등은 개인이 책임져야 하지만, 선택하지 않은 원인에 의한 불평등은 불공정한 불평등이므로 사회가 적절한 보상을 제공해 이를 완화해야 한다고 강조한다.

4장 「수능 시험은 공정한가」에서는 실질적 자유와 '역량'의 중요성을 강조하는 '센'의 관점에서 시험의 공정성을 살펴본다. 센은 사람들마다 개인적 특성과 역량이 다르기 때문에 시험 기회를 포함한 다양한 기회와 자원, 재화, 소득, 부 등을 평등하게 분배하더라도 실질적 자유의 정도에서는 불평등할 수밖에 없으며, 따라서 교육 등을 통해 사회 전체적으로 개개인의 역량을 강화하고 개인의 실질적 자유를 증진하는 것이 정의라고 주장한다.

5장 「단순한 평등 분배는 공정한가」에서는 '복합 평등'을 강조하는 '왈저'의 정의론을 중심으로 공정의 기준의 다양성에 대해 살펴본다. 왈저에 따르면, 정의의 원칙과 기준은 분배 영역과 개인이 처한 특수한 역사적·사회문화적 맥락에 따라 달라질 수밖에 없기 때문에 정의론은 하나의 기준에 입각한 '단순 평등simple equality'이 아니라 다양한 영역에서 다양한 기준을 고려하는 '복합 평등complex equality'을 추구해야 한다.

6장 「소수자 우대 제도는 공정한가」에서는 '영'의 '정의와 차이의 정치 이론'을 중심으로 소수자 우대 제도의 공정성 문제를 살펴본다. 영은 기존 정의론의 분배 패러다임을 비판하며 분배 문제가 중요하지 않은 것은 아니지만, 분배만 공정하게 이루어진다고 해서 모든 문제가 해결되는 것은 아니며, 거시적 차원에서 소수자를 억압하고 차별하는 제도와 사회구조를 정의롭게 바꿔야만 진정한 의미에서 공정과 정의를 실현할 수 있다고 강조한다.

7장 「외국인 재난지원금 지급은 공정한가」에서는 '바이츠'와 '포기' 등 범세계주의자cosmopolitans들이 주장하는 '세계정의론'의 관점에서 외국인 차별의 공정성 문제를 살펴본다. 이들은 '세계화globalization'로 인해 경제적 상호의존과 협력이 전 세계적 차원으로 확대된 상황에서 공정과 정의에 대한 논의도 개별 국가의 경계를 넘어 전 세계적 차원으로 확대되어야 한다고 주장하며 국적을 기준으로 이루어지는 외국인 차별의 불공정성을 지적한다.

결론 「공정은 인정과 합의의 과정이다」에서는 노직의 정의론에 근거한 '개인주의적 능력주의'의 한계를 지적한 후 우리 사회가 추구해야 할 바람직한 공정 담론의 방향을 제시한다. 특히 우리 사회의 공정 논의가 분배 공정성에만 초점을 맞춘 좁은 의미의 공정론에서 벗어나 좀 더 포괄적이고 거시적인 차원에서 사회 정의에 초점을 맞춘 넓은 의미의 공정론 또는 정의론으로 확대되어야 한다는 점과 공정의 기준과 정의의 원칙을 도출하는 과정에서 사회적 합의와 민주주의가 중요하다는 점을 강조한다.

마지막으로, 이 책을 출간하는 데 도움을 주신 분들에게 감사를 표한다. 원고를 책으로 출간하는 데 도움을 주신 아카넷 김정호 대표님을 비롯하여 편집 및 오탈자 교정을 맡아주신 신종우 편집자님, 디자인 작업을 맡아 수고해주신 윤그림, 이정은 디자이너님께 감사드린다. 특히 초고를 꼼꼼하게 읽고 전체적인 수정 방향을 같이 고민해주신 신종우 편집자님께 진심으로 감사드린다. 다음으로 지금은 고인이 되셨지만 시카고대학 재학 시절 연구를 지도해주시고 많은 가르침을 주신 아이리스 영 선생님께도 진심으로 감사드린다. 영 선생님께서는 현대 정의론의 맥락을 잡아주시고 시야를 넓혀주셨다. 그분의 가르침과 지도가 아니었다면 이 책은 절대 세상에 나올 수 없었을 것이다. 그리고 무엇보다도 원고를 쓰는 동안 뒤에서 묵묵히 지지해주고 뒷바라지해주신 장인어른, 장모님과 알츠하이머로 고생하고 계신 어머니, 나의 사랑하는 딸 은재와 아들 민재 그리고 사랑하는 아내 선혁에게 감사의 인사를 전한다.

2022년 3월

관악산 연구실에서

김범수

차례

5장. 단순한 평등 분배는 공정한가
"기준이 다양해야 공정하다" – 왈저

6장. 소수자 우대 제도는 공정한가
"억압과 지배의 철폐는 불공정해도 정의롭다" – 영

7장. 외국인 재난지원금 지급은 공정한가
"불평등한 세계는 불공정하다" – 바이츠와 포기

|₁,₁| 객관적이고 공개적인 경쟁

최근 우리나라뿐 아니라 세계 여러 나라에서 공정이 핵심적인 사회 이슈로 부상하고 있다. 특히 신자유주의의 영향하에 전 세계적으로 경제적 불평등과 빈부격차가 심화되면서 소득과 부 등 제한된 자원과 기회를 누구에게 얼마만큼 나눠주는 것이 공정한가를 두고 세계 여러 나라에서 갈등이 격화하고 있다. 우리나라도 고도성장 시대가 끝나고 양극화로 인해 성장의 혜택이 일부에게만 돌아가는 분배 구조가 고착화되면서, 제한된 자원과 기회의 분배 공정성 문제를 두고 계층·세대·성별 간 갈등과 경쟁이

우리 사회는 공정한가

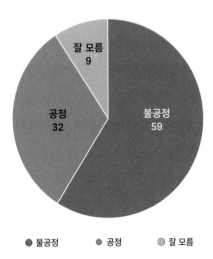

출처: 《경향신문》 창간 74주년 기획 여론조사, 2020년 10월 6일.

치열해지고 있다. 양극화 문제 해결과 분배 구조의 획기적 개선이 이루어지지 않는 이상 자원과 기회의 분배를 둘러싼 공정 논란은 계속될 것으로 보인다.

우선 여론조사 결과를 중심으로 우리 사회가 공정 문제를 어떻게 인식하고 있는지 살펴보자. 만 18세 이상 성인남녀 1,000명을 대상으로 2020년 10월 《경향신문》이 실시한 전화면접 여론조사 결과에 따르면, "우리 사회는 공정한가"라는 질문에 응답자의 59%가 "공정하지 않다"고 응답한 반면 "공정하다"고 응답한 비율은 32%에 불과했다.

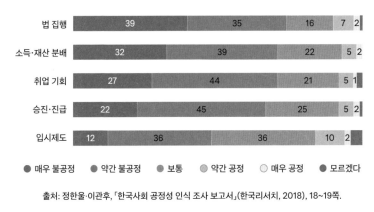

분야별 공정성 인식

	매우 불공정	약간 불공정	보통	약간 공정	매우 공정	모르겠다
법 집행	39	35	16	7	2	
소득·재산 분배	32	39	22	5	2	
취업 기회	27	44	21	5	1	
승진·진급	22	45	25	5	2	
입시제도	12	36	36	10	2	

출처: 정한울·이관후, 「한국사회 공정성 인식 조사 보고서」(한국리서치, 2018), 18~19쪽.

그렇다면 이처럼 국민들이 우리 사회를 불공정하다고 인식하는 이유는 무엇인가? 대부분의 여론조사는 우리 사회의 불공정성에 대한 인식의 근저에 "법이 불평등하다"는 인식과 "기회가 불평등하다"는 인식이 자리 잡고 있음을 보여준다. 우리 사회의 '분야별 공정성 인식'을 조사하기 위해 전국에 거주하는 만 19세 이상 성인남녀 1,000명을 대상으로 한국리서치가 2018년 2월 실시한 웹조사 결과에 따르면, 법 집행이 불공정하다는 응답은 '매우 불공정'과 '약간 불공정'을 합해 74%, 소득·재산 분배가 불공정하다는 응답은 71%, 취업 기회가 불공정하다는 응답은 71%, 승진·진급이 불공정하다는 응답은 67%에 이른다. '유전무죄 무전유죄', '전관예우', '법조 카르텔' 등의 표현이 일상화되고, 실제로 몇

몇 법원 판결과 검찰 수사 등에서 이러한 모습이 보이면서 법이 재벌, 국회의원, 판검사, 고위 공무원 등 '돈 있는 사람', '빽 있는 사람', '권력을 가진 사람'들에게 유리하게 작용한다는 인식이 널리 퍼진 것으로 보인다. 또한 '엄빠 찬스', '금수저 흙수저' 등의 유행어에서 나타나듯이 자산 취득 기회, 계층 상승 기회, 취업·승진·진급 기회 등 다양한 기회가 불평등하다고 느끼기 때문에 많은 국민들이 우리 사회를 불공정하다고 인식하는 듯하다.

이처럼 우리 사회는 법과 기회가 불평등하다고 인식하기 때문에 법 앞의 평등과 기회의 평등을 가장 중요한 공정의 조건으로 강조한다. 특권과 특혜를 없애고 누구에게나 차별 없이 동일한 법과 규칙을 적용하고, 동등한 기회를 부여하는 것이 공정의 가장 중요한 조건이라는 것이다. 그리고 이는 '사회적 약자'에게 더 많은 기회와 보상을 제공하는 '적극적 우대 조치affirmative action'를 일종의 특혜와 역차별로 간주하고 반대하는 태도로 이어지고 있다.

특히 언론, 인터넷, SNS 등 미디어 공간에서 여론을 주도하는 20~30대를 중심으로 '사회적 약자'를 우대하는 제도와 차별 시정 조치에 대한 반대의 목소리가 두드러지고 있다. 2020년 6월 인천국제공항공사의 비정규직 정규직화 문제를 두고 "시험과 공개 경쟁을 거치지 않은 비정규직의 정규직화"는 "노력하지 않은 자들의 무임승차"이며 "역차별"이라는 여론이 크게 일어난 후 비정규직의 정규직화 문제뿐 아니라 여타 우대 제도에 대해서도 "평

2020~2021년 보도된 '적극적 우대 조치' 관련 기사들

- 「"수도권 역차별" … 공공기관 지방대 50% 채용 검토에 뿔난 청년들」
  《매일경제》, 2020년 11월 2일

- 「'배려 아닌 특혜' 지역인재채용 확대에 뿔난 수도권 대학생들, "인서
  울이 죄인가요"」《매거진 한경》, 2021년 4월 20일

- 「'여성할당 가점제'로 남성 취업 불이익?」《연합뉴스》, 2021년 7월 3일

- 「김경선 여가부 차관 "양성평등채용목표제 수혜자 75.7%가 남성"」
  《주간동아》, 2021년 8월 4일

- 「강성태, "서울권 약대, 입학정원 절반이 여대 … 남학생 차별"」《중앙일
  보》, 2021년 7월 9일

- 「여교수 우선 채용, 양성 평등이냐? 남 역차별이냐?」《중앙일보》, 2021년
  5월 22일

등 원칙을 위반한 역차별"이라는 비판의 목소리가 커지고 있다.[1] 그리고 이는 수도권과 지방, 남성과 여성 간의 불균형을 해소하고자 하는 우대 제도 전반에 대한 비판으로 확대되고 있다. 공공기관 신규 채용에서 기관이 소재한 지역의 대학 졸업(예정)자를 의무적으로 일정 비율 이상 선발하도록 강제하는 지역인재 할당제에 대해 "헌법에서 규정하는 평등 원칙에 위반"하는 제도로 수도권

대학 출신에 대한 역차별이라는 비판이 제기되고 있으며, 신규 채용 시 특정 성별이 합격자의 70%를 넘지 않도록 다른 성별 응시자를 추가로 합격시키는 양성평등채용목표제에 대해서도 유사한 비판이 제기되고 있다. 또한 젠더갈등이 부각되면서 여성만 입학할 수 있는 여대 법학전문대학원과 의대·약대 입시, 여성을 우대하는 국공립대학의 여성교원임용할당제 등을 두고도 공정성 논란이 불거지고 있다.

　'사회적 약자'를 위한 우대 제도의 공정성 논란과 함께 우리 사회 일부에서는 '특정 집단에게만 유리'한 각종 우대 제도를 폐지하고 '객관적인 시험' 또는 유사한 '공개 경쟁'을 통해 '능력이 우수한 사람'을 '실력대로' 선발하여 보상하자는 '능력주의 meritocracy'에 대한 요구가 비등하고 있다. 2021년 5월 《한국일보》가 전국 만 18세 이상 성인남녀 3,000명을 대상으로 실시한 웹 기반 여론조사 결과에 따르면, "경쟁에서 이긴 사람에게 더 많은 몫이 돌아가야 한다"는 질문에 "그렇다"고 응답한 비율은 63.0%, "입사 시험을 치르지 않은 비정규직을 정규직으로 전환하는 것은 부당하다"는 질문에 "그렇다"고 응답한 비율은 49.5%에 달하고 있다. 진학, 취업, 승진 등 기회의 분배를 둘러싼 경쟁이 치열해진 상황에서 누군가를 선별해야 한다면 경쟁이 불가피하고, 구체적인 선별 방식으로는 평가자의 주관이 배제된 '객관적인' 시험 또는 시험과 유사한 '객관적이고 공개적인 경쟁'을 통해 대상자를 선별하는 것이 '가장 공정하다'는 주장이 많은 사람들의 공감을 얻고 있다.

여기에 더해 우리 사회에 개인주의가 만연하면서 사회 정의나 공공 복리, 국가 이익 등 대의명분을 위해 개인의 이익과 권리를 침해하는 것은 불공정하다는 인식이 특히 20~30대를 중심으로 확산하고 있다. 2021년 10월 《문화일보》가 20대부터 50대까지 나이대별로 500명씩 총 2,000명을 대상으로 실시한 웹 기반 여론조사 결과에 따르면, "국익을 위해 나의 이익을 희생할 수 있다"는 주장에 동의하는 비율이 20대 23.8%, 30대 25.8%, 40대 41.6%, 50대 50.2%로, 전체적으로 동의하지 않는 비율이 높으며, 특히 20대와 30대에서 그 비율이 높게 나타나고 있다.

이처럼 능력주의와 개인주의가 확산하면서 우리 사회의 공정 담론은 이 두 가지가 결합된 '개인주의적 능력주의' 담론으로 나타나고 있다. 진학·취업·승진 등 기회와 자원의 분배와 관련한 경쟁이 치열해진 상황에서 평가자의 주관이 배제된 '객관적인' 선발 방식(시험)으로 대상자를 선별하여 기회와 자원을 부여하는 것이 가장 공정하고, 사회 정의나 공공 복리, 국가 이익 등 대의명분을 위해 개인에게 희생을 요구하는 것은 불공정하다는 것이다. 또한 그 연장선상에서 돈과 권력, 그리고 이른바 '빽'을 가진 사람들에게 특권과 특혜를 부여하는 것이 불공정한 것과 마찬가지로 '사회적 약자'를 배려하는 우대 조치 또한 일종의 특권과 특혜를 부여하는 것으로 불공정하다는 인식이 사회 전반으로 확산하고 있다. 그렇다면 '객관적이고 공개적인 경쟁'을 통해 '능력'에 따라 대상자를 선별하여 기회와 자원을 부여하는 '개인주의적 능력주의'는 정말 공정한가? 기회와 자원을 공정하게 분배하기만 하면 모든 것이 공정하고 정의로운가?

|ı.ı|

각자에게 합당한 각자의 몫을 나눠주는 것

공동체 안에서 제한된 자원을 누구에게 얼마만큼 나눠주는 것이 공정한가의 문제는 고대 그리스 시대 이래 서양 정치사상의 가장 중요한 주제 가운데 하나였다. 스승 플라톤Plato과 함께 고대 그리스 시대를 대표하는 철학자 아리스토텔레스는 이 문제와 관련하여 『니코마코스 윤리학』에서 정의dikaiosynē를 '법을 지키는 것'과 '공정한 것ison'으로 구분한 후 공정을 "각자에게 합당한 각자의 몫을 나눠주는 것"으로 규정한다.[2] 그렇다면 구체적으로 누구에게 얼마만큼의 몫을 나눠주는 것이 공정한가? 모든 공동체 구성원에게 동일한 몫을 균등equal하게 나눠주는 것이 공정한가, 아니면 구성원의 타고난 재능과 능력, 성별, 재산, 직업, 노력 정도 등에 따라 불균등unequal하게 차등적으로 나눠주는 것이 공정한가? 각자에게 나눠줄 합당한 몫을 정하는 구체적인 기준은 무엇이며,

그 기준이 합당한 이유는 무엇인가?

아리스토텔레스는『니코마코스 윤리학』에서 이 문제에 대해 논의하며 우선 명예나 돈, 공직 또는 그 밖의 나눌 수 있는 것들을 나눌 때 모든 사람에게 똑같은 몫을 균등하게 나눠주는 것이 공정은 아니라고 강조한다. "동등하지 않은 사람들에게 동등한 몫equal shares을 분배하면 거기서 싸움과 불평이 시작"되기 때문이다.[3] 또한『정치학』에서 정의란 "동등함equality으로 생각되어야 하지만 그렇다고 모든 사람을 동등하게 대하는 것이 [정의는] 아니며, 오직 동등한 사람만을 동등하게 대하는 것"이 정의라고 주장한다.[4] 즉 동등한 사람은 동등하게 대하고 동등하지 않은 사람은 차등적으로 다르게 대하는 것이 공정하고 정의로운 것이다.

그렇다면 누구를 동등하게 대하고 누구를 동등하지 않게 대해야 하는가? 아리스토텔레스는 "본성적by nature으로 우월한" 남성과 "본성적으로 열등한" 여성을 구분하고 남성이 여성을 지배해야 한다고 주장한다. "수컷은 본성적으로 우월하고 암컷은 본성적으로 열등하다. 따라서 수컷은 지배하고 암컷은 지배받아야 한다"는 것이다.[5] 또한 본성적으로 자유민에 적합한 사람과 본성적으로 노예에 적합한 사람을 구분한 후 후자는 자유민인 주인의 지배를 받는 것이 더 낫다고 주장한다.

몸을 사용하는 일을 잘하는 사람은 다른 사람과 달리 본성적으로

노예이며, 이들은 〔다른 사람에 비해〕 열등하기 때문에 주인의 지배를 받는 것이 더 낫다. 다른 사람의 소유물이 될 수 있고 실제로 다른 사람의 소유물인 사람, 이성이 있다는 것은 알고 있지만 이성을 갖지 못하는 사람은 본성적으로 노예이기 때문이다. (……) 어떤 사람은 본성적으로 자유민이고 어떤 사람은 본성적으로 노예이며 후자에게는 노예제도가 유익하고 정당한 제도임이 분명하다.[6]

아리스토텔레스는 더 나아가 정치 공동체에서 재판업무와 공직에 참여할 수 있는 '동등한' 지위를 갖는 시민과 그렇지 못한 직공banausos, 재류외국인metoikos을 구분하며, '동등한' 시민, 즉 남성 시민 내에도 다양한 차이와 불평등이 존재한다고 주장한다.[7] 자유민으로서 '동등한' 지위를 갖는 시민이라 하더라도 각자의 탁월함arete, 지적 능력, 도덕적 능력, 신체적 능력, 외모, 재산, 출신 가문 등에 따라 다양한 차이와 불평등이 존재한다.

아리스토텔레스의 이러한 논변에 따르면, 본성과 능력 등 다양한 기준에 따라 사람들을 구분한 후 '분배하는 사물'이 무엇이냐에 따라 다른 기준을 적용하여 각자에게 합당한 몫을 차등적으로 분배하는 것이 공정이다. 예를 들어 사람들에게 피리를 분배할 때 출신 가문이나 외모가 아니라 피리 부는 능력에 따라 분배가 이루어져야 한다.

재능이 대등한 피리 연주자가 여러 명 있을 때 좋은 집안에서 태어난 사람에게 더 좋은 피리를 줘야 할 이유는 없다. 좋은 집안에서 태어났다고 피리를 더 잘 연주하는 것은 아니기 때문이다. 더 좋은 피리는 피리를 더 잘 연주할 줄 아는 [능력이 있는] 사람에게 주어져야 한다.[8]

그렇다면 정치 공동체에서 공직으로 대표되는 정치 권력을 분배할 때 어떤 기준에 따라 분배가 이루어져야 하는가? 아리스토텔레스는 정치 영역에서 권력을 분배하는 기준이 정치 공동체의 목적, 즉 국가의 목적으로부터 도출되어야 한다고 주장한다. "사람들이 모여 국가 공동체를 구성하는 이유가 오직 재산을 위한 것이라면 국가의 통치에서 사람들이 차지하는 몫은 재산에 비례할 것이다. (……) 국가는 그러나 단순히 생존이 아니라 훌륭한 삶good life을 위해 존재한다. 단순한 생존이 국가의 목적이라면 노예들이나 동물들도 국가를 구성할 수 있을 텐데 그런 국가는 있을 수 없다. (……) 국가의 목적은 훌륭한 삶이며, 앞서 말한 것들은 이 목적을 위한 수단일 뿐이다."[9] 즉 국가의 목적이 단순히 돈을 벌거나 생존을 위한 것이 아니라 구성원들에게 행복하고 훌륭한 삶을 제공하는 것이기 때문에 공직으로 대표되는 정치 권력은 국가의 이러한 목적을 달성하는 데 더 많이 기여할 수 있는 지적 능력과 도덕적 능력을 갖춘 사람에게 더 많이 분배되어야 한다.

요컨대 아리스토텔레스는 정치 공동체에서 명예, 부, 공직 등을 분배할 때 '동등한' 지위를 갖는 시민과 그렇지 못한 여성, 노예, 재류외국인을 구분하고, 이어 시민들 사이에서도 공동체에 더 많이 기여할 수 있는 능력과 덕성virtue에 따라 사람들을 구분한 후 분배가 차등적으로 이루어져야 한다고 강조한다. 물론 그는 "육상경기에서는 더 빨리 달리는 사람이 상을 받아야" 하는 것과 마찬가지로 정치가 아닌 다른 영역에서는 다른 기준에 의해 분배가 이루어질 수 있음을 인정한다. 그러나 정치 영역에서 누가 더 빨리 달리는가의 문제는 중요하지 않으며 누가 더 공동체에 기여하는가에 따라 분배가 이루어져야 한다고 강조한다.[10] 이러한 관점에서 볼 때 능력과 덕성이 동등하지 못한 시민들에게 동등한 권리를 보장하는 민주정체는 정체의 성격상 공정하지 못할 뿐 아니라 공동체 전체의 이익을 위해서도 바람직하지 않다.[11] 아리스토텔레스에게 공정한 정치체제는 공동체 전체의 이익을 위해 더 많이 기여할 수 있는 능력과 덕성을 갖춘 사람에게 더 많은 공직 기회와 더 많은 정치 권력을 차등적으로 분배하는 정치체제다.[12]

정치적 평등과 공정

여성 차별과 노예제를 정당화하고 공동체에 기여할 수 있는 능력과 덕성에 따라 공직 배분에 차등을 두어야 한다고 주장하는 아리스토텔레스의 논변은 민주주의가 발전한 오늘날의 관점에서 보면 말도 안 되지만, 아리스토텔레스 사후 약 2,000년 동안 유럽에서 정치를 이해하고 설명하는 가장 영향력 있는 논변이었다. 그러나 근대 이후 인권 사상과 민주주의가 발전하면서 그의 논변은 더 이상 설득력을 유지할 수 없게 되었다. 특히 토머스 홉스Thomas Hobbes, 존 로크John Locke, 장 자크 루소Jean-Jacques Rousseau 등으로 대표되는 근대 사회계약론자들은 "모든 인간은 자유롭고 평등하게 태어났다"는 전제하에서 아리스토텔레스의 논변을 비판했다. 특히 루소는 『사회계약론The Social Contract』에서 사회계약을 통해 수립한 공화국 안에서 모든 시민은 주권자의 일원으로 평등하다고 주장했다.

> **사회계약은 시민들이 동일한 계약 조건에서 모두 동일한 권리를 향유하도록 함으로써 시민들 사이에 평등을 구현한다. 이러한 계약의 본질로 인해 주권의 모든 행위, 다시 말해 일반의지의 진정한 모든 행위는 모든 시민에게 평등한 의무와 혜택을 부여한다. 그 결과 주권자는 오직 전체로서의 국민the body of the nation만을 인정할 뿐이며 그 구성원 중에서 누구도 배제하지 않는다.[13]**

이처럼 권리와 의무에서 시민들 사이의 평등을 강조하는

루소의 사상은 이후 민주주의 제도로 실현되었다. 특히 1776년 7월 4일 필라델피아에서 열린 제2차 대륙회의Continental Congress에서 채택된 「미국독립선언Declaration of Independence」은 전문에서 "우리는 모든 인간이 평등하게 창조되었다는 것과 창조주로부터 생명권, 자유권, 행복추구권과 같이 양도할 수 없는 권리unalienable rights를 부여받았다는 것을 자명한 진리로 간주한다"고 선언함으로써 모든 인간이 권리에서 평등하다는 근대 인권 사상의 토대를 마련했다. 더나아가 프랑스대혁명 발발 직후인 1789년 8월 26일 프랑스 국민의회에서 채택된 「인간과 시민의 권리선언Déclaration des droits de l'homme et du citoyen」은 모든 인간이 자유롭고 권리에서 평등하게 태어났다는 점과 모든 시민이 법 앞에 평등하다는 점을 명시적으로 천명했다. 이후 대부분의 민주주의 국가에서 국적에 따른 선거권 제한은 현재까지 유지되고 있지만, 선거에서 모든 성인에게 동일한 한 표를 부여하는 보편선거권universal suffrage 제도와 권리, 의무를 평등하게 보장하는 제도가 자리 잡게 되었다.

이뿐만 아니라 제2차 세계대전 이후 '모든 사람'에게 동등한 인권을 보장하는 인권 규범 또한 국제적으로 제도화되기 시작했다. 특히 1948년 12월 10일 유엔 총회에서 채택된 '세계인권선언Universal Declaration of Human Rights'은 보편적 인권 규범을 전 세계로 확산하는 중요한 계기가 되었다. 구체적으로 세계인권선언 제1조는 "모든 사람all human beings은 태어날 때부터 자유롭고, 존엄하며, 평등하다"는 점을, 제2조는 "모든 사람everyone은 인종, 피부색, 성, 언어, 종교 등 어떤 이유로도 차별받지 않는다"는 점을 천명했다. 이후 1966년 12월 16일 유엔 총회에서 채택된 '시민적·정치적 권리규약International Covenant on Civil and Political Rights'과 '경제적·사회적·문화적 권리규약International Covenant on Economic, Social and Cultural Rights', 1965년 12월 21일 유엔 총회에서 채택된 '모든 형태의 인종차별 철폐에 관한 국제협약International Convention on the Elimination of All Forms of Racial Discrimination', 1979년 12월 18일 유엔 총회에서 채택된 '여성차별철폐협약 Convention on the Elimination of All Forms of Discrimination against Women' 등은 '모든 사람'이 권리와 의무에서 차별 없이 평등하게 대우받아야 한다는 원칙을 천명했다.

　　이처럼 국제적으로 인권 규범이 발전하고 민주주의가 정착하면서 정치 영역에서 공정에 대한 관념은 이전 시대와 비교할 때, 특히 아리스토텔레스의 논변과 비교할 때 획기적으로 달라졌다. 이제 우리나라를 포함한 대부분의 민주주의 사회에서 정치 영역에서의 공정은 (국적에 따른 차별과 일부 불가피한 차별을 제외하고) 모든 구성원을 '동등한' 국민으로 대우하고 모든 국민에게 '능력'에 상관없이 동등한 권리를 부여하는 것으로 이해되고 있다. 우리나라 헌법 제11조는 "모든 국민은 법 앞에 평등"하고 "누구든지 성별·종교 또는 사회적 신분에 의하여 정치적·경제적·문화적 생활의 모든 영역에 있어서 차별을 받지 아니한다"고 명시한다.

물론 모든 국민에게 동등한 권리를 보장하는 것이 정치적 권한과 영향력 행사에서 평등을 의미하는 것은 아니다. 개인의 직위와 능력 또는 다른 여러 요인의 결과로 인해 개인의 정치적 권한과 영향력은 달라질 수 있다. 그러나 본인이 원하는 무엇인가를 할 수 있는, 또는 하지 않을 수 있는 '기회'를 의미하는 법적 권리는 모든 구성원에게 동등하게 보장하는 것이 공정이라는 인식이 확고하게 자리 잡았다. 재산이 많다는 이유로, 학력이 높고 지식이 많다는 이유로, 또는 사회에 더 많이 기여할 수 있는 능력이 있다는 이유로 누군가에게 한 표가 아니라 두 표 또는 세 표의 선거권을 부여하는 것이 공정하다고 생각하는 사람은 아무도 없다. 평생 시골에서 일자무식으로 농사만 지어온 촌로와 평생 대학에서 정치학을 가르쳐온 정치학 교수에게 동등하게 한 표의 선거권을 부여하는 것이 공정이다. 요컨대 현대 민주주의 사회에서 정치 영역에서의 공정은 모든 구성원에게 '동등한' 권리를 균등하게 보장하는 것으로 이해되고 있다. 특정 구성원에게 더 많은 정치적 권리를 부여하거나 더 적은 정치적 권리를 부여하는 것은 명백하게 불공정하다.

||ııl|
사회경제적 불평등과 공정

근대를 거치며 정치 영역에서의 공정은 이처럼 아리스토텔레스의 논변과 달리 모든 구성원에게 동등한 권리를 균등하게 보장하는 것으로 이해되고 있다. 그렇다면 사회경제 영역에서 물질적 재화와 부wealth, 소득, 일자리, 복지 등의 자원과 이러한 자원을 획득할 수 있는 기회의 분배와 관련한 공정은 어떠한가? 정치 영역에서와 마찬가지로 모든 구성원에게 동등한 자원과 기회를 균등하게 분배하는 것이 공정한가, 아니면 일부를 선별하여 차등적으로 분배하는 것이 공정한가? 사회 전체의 부를 구성원 수만큼 나눠 모든 구성원에게 동등한 몫을 균등하게 분배한다면, 이는 공정한가? 균등 분배의 부작용은 없는가? 균등 분배가 불공정하다면, 누구에게 얼마만큼의 자원과 기회를 분배하는 것이 공정한가?

이 문제와 관련하여 오늘날의 관점에서 보면, 다소 허황된 주장으로 들릴 수도 있지만, 자본주의 제도와 소유권 제도의 문제점을 지적하며 사회 전체의 자원과 기회를 모든 구성원에게 균등하게 분배하는 것이 공정이라고 주장한 학자가 여럿 있었다. 카이 닐슨Kai Nielsen은 「급진적 평등주의의 정의: 평등으로서의 정의 Radical Egalitarian Justice: Justice as Equality」라는 논문에서 모든 사람에게 "동등한 도덕적 자율성equal moral autonomy"과 "동등한 자존감equal self-respect"
을 보장하기 위해서는 사회 전체의 생산 능력을 유지하는 데 필
요한 부와 공동체 전체를 위해 필요한 부를 제외한 나머지 부와
소득에 대해 구성원 각자에게 "동등한 몫equal shares"을 분배해야 한
다고 주장했다.[14] 그는 자신의 "급진적 평등주의radical egalitarianism"를
설명하며 다음 두 가지 정의의 원칙을 제시한다.

(1) 각각의 구성원들이 일자리 기회나 정치적 참여 기회와 같은
가장 광범위한 의미에서의 기본적 자유와 기회의 동등한 권리equal
rights를 보장받아야 한다. 이 원칙은 사회가 모든 구성원에게 동등
한 도덕적 자율성과 자존감을 보장하기 위해 전념하고 있다는 것
을 보여준다.

(2) 사회 전체의 생산 능력을 유지하고 사회 전체의 기본적 필요
와 선호를 충족시키는 데 필요한 부를 제외한 나머지 부와 소득
에 대해 구성원 각자에게 동등한 몫이 분배되어야 한다. 또한 각
자의 능력과 타고난 상황에 따라 제한이 있을 수 있지만, 사회 전
체의 복지 증진에 필요한 부담도 모든 구성원에게 동등하게 분배
되어야 한다.[15]

물론 닐슨은 자신이 주장하는 "동등한 몫"의 분배가 모든

사람에게 똑같은 것을 동일한 양만큼 나눠주는 것을 의미하지는
않는다고 강조한다. "사람들은 나이도 다르고 사는 기후도 다르
고 개인적인 필요나 선호도 다르기 때문에" 모든 사람에게 항상
똑같은 것을 동일한 양으로 나눠줄 필요는 없다. "스케이트를 원
하는 어린이에게는 스케이트를 나눠줘야 하고 스노슈즈snowshoes
를 원하는 어린이에게는 스노슈즈를 나눠줘야 한다." 이처럼 구체
적으로 누구에게 무엇을 나눠줄 것인가의 문제는 개인의 선호나
상황에 따라 다를 수 있지만, 그럼에도 "급진적 정의의 원칙"은 모
든 구성원의 선호를 동등하게 충족시켜줄 것과, 모든 구성원에게
사회 전체의 이익benefits과 부담burdens을 동등하게 분배할 것을 요구
한다.[16]

닐슨의 이러한 급진적 균등 분배 주장은 이론적으로는 어
느 정도 설득력이 있을 수 있다. 그러나 과거 소련과 중국, 북한 등
현실 사회주의 국가의 역사에서 알 수 있듯이, 모든 구성원에게
동일한 몫을 동등하게 분배하는 일종의 '배급제' 방식은 개인의
자유와 창의성을 제한할 뿐 아니라 사회적 약자의 생활 형편을
개선하는 데도 비효율적이다. 롤스가 1971년 출간한 『정의론』 초
판본에서 언급한 바와 같이 "어느 정도 불평등을 받아들이는 것
이 모든 사람의 형편을 개선하는 데 기여할 수 있다는 점에서 기
본적 재화의 균등 배분은 비합리적irrational이다."[17] 이는 모든 구성
원에게 동등한 몫을 균등 분배하는 것보다 분배 효율성 측면에서

더 좋은 '파레토 최적Pareto optimality'이 가능하기 때문이다. 다시 말해 누구에게도 손해를 끼치지 않으면서 특정인의 상황을 개선할 수 있다. 예를 들어 오렌지보다 사과를 좋아하는 사람과 사과보다 오렌지를 좋아하는 두 사람이 사과와 오렌지를 교환할 경우 어느 누구에게도 손해를 끼치지 않으면서도 두 사람 모두 더 만족할 수 있는 분배가 가능하다.[18] 또한 사회 전체의 효용utility 증진이라는 측면에서도 균등 분배 방식은 한계가 있다. 슘페터주의자 Schumpeterian들이 '혁신적 기업가'에게 초과 이익을 보장해주는 자본주의 사회의 인센티브 구조가 사회 발전에 필요한 '창조적 파괴'를 가져온다고 강조하듯이, 개인의 창의성을 끌어내고 혁신을 통해 사회 전체의 효용을 증진하기 위해서는, 그리고 이를 통해 사회적 약자를 포함한 구성원 전체의 삶을 개선하기 위해서는 모든 사람에게 동등한 몫을 균등하게 분배하는 것보다 어느 정도 차등적으로 분배하는 것이 더 효과적이다.[19]

이러한 이유로 정치 영역과 달리 사회경제 영역에서는 모든 구성원에게 동등한 자원과 기회를 균등하게 분배하는 것이 공정은 아니라는 주장이 일반 원칙으로 자리 잡았다. 사회 전체의 효용을 증진하고 이를 통해 사회적 약자를 포함한 구성원 전체의 삶을 개선하기 위해서는 특정 기준에 따라 어떤 사람에게는 더 많은 것을 나눠주고 어떤 사람에게는 더 적은 것을 나눠주는 선별적·차등적 분배가 필요하다. 그렇다면 어느 기준에 따라 누구에게 얼마만큼 차등적으로 분배하는 것이 공정한가?

||.||
공정의 논리들

공정과 정의의 문제를 다루는 현대 규범적 정치이론 분야를 대표
하는 학자인 롤스는 『정의론』에서 '공정으로서의 정의'를 강조한
다. 롤스에 따르면, 사회의 모든 구성원에게 정치적 자유, 결사의
자유, 양심의 자유, 사상의 자유 등 기본적 자유와 권리, 직위·직
책에 접근할 수 있는 기회, 소득, 재산, 자존감의 사회적 토대 등
'사회 안에서 일생을 자유롭고 평등한 시민으로 살아가는 데 누
구나 필요로 하는 기본적인 것들primary goods'을 최대한 균등하게 분
배하고 경쟁의 결과 나타난 소득과 부의 지나친 불평등을 완화
하기 위해 사회의 '최소 수혜자'를 위해 소득과 부를 불평등하게
차등적으로 재분배하는 것이 공정이고 정의다.

　　반면 개인의 권리의 중요성을 강조하는 자유지상주의자
libertarian로 잘 알려진 노직은 이러한 롤스의 정의론이 사회 전체 차
원에서 정의 실현을 위해 개인의 권리, 특히 절대적 불가침의 권
리인 개인의 재산권을 침해한다고 주장하며 분배 문제에서 국가
의 불간섭을 주장한다. 노직에 따르면, 분배의 최종 결과가 사회
의 '최소 수혜자'에게 이익을 가져다주든 불이익을 가져다주든 상

관없이 재산 취득과 이전 과정이 정당하기만 하면, 즉 재산 취득과 이전 과정에서 타인의 소유물을 강제로 빼앗거나, 박탈하거나, 불법적으로 사취하거나, 수탈하지 않는 이상, 어떠한 분배 결과도 그 자체로 공정하고 정의롭다.

한편 드워킨은 사회의 '최소 수혜자'를 위한 재분배를 주장하는 롤스의 정의론과 재산 취득 기회를 평등하게 보장한 후 결과에 상관없이 과정의 정당성만을 중시하며 자유방임을 주장하는 노직의 정의론을 모두 비판하며 대안으로 '자원의 평등 이론'을 제시한다. 드워킨에 따르면, 어떤 사람이 사회의 '최소 수혜자'가 된 원인이 본인의 선택 때문인지, 본인이 선택하지 않은 '비선택적 불운brute bad luck' 때문인지 구분하지 않고 사회의 '최소 수혜자'를 위한 재분배를 주장하는 롤스의 정의론과 무조건적으로 재분배를 반대하는 노직의 정의론은 모두 잘못되었다. 드워킨은 그 대안으로 정부가 출발선상에서 국민들에게 소득과 재산 등의 자원resources을 평등하게 분배하고 이후 경쟁 과정에서 당사자 본인의 선택의 결과 발생한 불평등에 대해서는 본인이 책임을 지고, 당사자가 선택할 수 없는 불운으로 발생한 불평등에 대해서는 사회적 보상을 제공해야 한다고 주장한다. 이러한 자원의 평등 이론은 '사전적ex ante' 평등, 즉 경쟁을 시작하기 이전 단계에서의 평등에 초점을 맞추고 경쟁 과정에서 본인의 선택에 의해 발생한 소득과 재산의 '사후적ex post' 불평등을 공정한 불평등으로 용인한다는 점에서 사후적 평등에 초점을 맞춘 롤스의 정의론과 구별된다. 또한 경쟁 과정에서 개인이 선택하지 않은 '비선택적 불운'에 의해 발생한 불평등에 대해 적절한 사회적 보상을 제공한다는 점에서 이러한 보상을 부정하는 노직의 정의론과 구별된다.

센은 드워킨의 주장에서 더 나아가 한편으로는 '결과의 평등'에 초점을 맞춘 공리주의 정의론과 후생경제학welfare economics을 비판하고, 다른 한편으로는 '수단의 평등'에 초점을 맞춘 롤스와 드워킨의 정의론을 비판하며 대안으로 실질적 기회와 자유의 정도를 드러내주는 '역량capability'의 평등에 초점을 맞춘 정의론을 제시한다. 센에 따르면, 결과의 평등에 초점을 맞춘 공리주의 정의론과 후생경제학은 과정에서 나타나는 다양한 불평등과 불공정 문제를 간과하는 경향이 있으며, 수단의 평등에 초점을 맞춘 롤스와 드워킨의 정의론은 이러한 수단을 자신의 원하는 '기능'으로 전환하는 역량의 불평등을 간과한다. 따라서 정의론이 사회 전체적으로 정의를 실현하기 위해서는 무엇보다도 개인들의 역량을 강화하고 실질적인 자유와 기회를 증진하는 데 초점을 맞춰야 한다.

이들 네 명의 정의론을 '물고기 잡기'에 비유해보자. 롤스는 모든 사람에게 물고기 잡는 권리와 기회를 동등하게 부여하고 각자 능력과 노력에 따라 물고기를 잡은 후 '최소 수혜자'를 위해 물고기의 재분배가 필요하다고 주장하고, 노직은 물고기 잡는 과정에서 다른 사람의 것을 훔치거나 부정한 행위를 하지 않는 이상 결과가 아무리 불평등하더라도 공정하고 정의로운 것으로 간주해야 한다고 주장할 것이다. 드워킨은 정부가 물고기 잡는 데 필요한 자원, 예를 들어 고깃배와 낚싯대 같은 자원을 평등하게 분배하는 데 초점을 맞춰야 한다고 주장하고, 센은 정부 정책의 목표가 실제로 물고기를 잡을 수 있는 능력(역량)의 향상에 초점을 맞춰야 한다고 주장할 것이다. 조금 단순화하자면 롤스는 재분배를 통한 결과의 불평등 완화를, 노직은 과정의 평등을, 드워킨은 경쟁을 시작하기 전 단계에서 수단의 평등을, 센은 역량의 평등을 강조한다.

이처럼 결과, 과정, 수단, 역량 등 분배의 다양한 측면 가운데 한 측면에 초점을 맞춘 네 명의 정의론과 조금 다른 맥락에서 왈저는 롤스를 비롯한 기존 정의론이 하나의 보편적·추상적 기준만을 상정하고 있다고 비판하며, 정의의 기준이 분배 영역마다 다를 수 있다고 주장한다. 즉 정의론이 단순히 하나의 기준에 입각한 '단순 평등simple equality'을 추구할 게 아니라 다양한 영역에서 다양한 기준을 함께 고려하는 '복합적 평등complex equality'을 추구해야 한다고 주장한다. 한편 기존 정의론의 '분배 패러다임'을 비판하는 영은 정의론이 단순히 분배 정의, 즉 분배 공정성뿐만 아니라 착취, 주변화marginalization, 무력화powerlessness, 문화 제국주의, 폭력 등 사회의 구조적 억압과 제도적 차별 문제에 주목해야 한다고 강조한다. 즉 분배 문제가 중요하지 않은 것은 아니지만, 분배만 공정하게 이루어진다고 해서 모든 문제가 해결되는 것은 아니며, 소수자를 억압하고 차별하는 제도와 사회구조를 바꿔야만 공정과 정의를 제대로 실현할 수 있다고 주장한다. 마지막으로 바이츠와 포기 등의 범세계주의자들은 국내적 차원에만 초점을 맞춘 기존 정의론을 비판하며 정의론이 특정 국가의 경계를 벗어나 전 세계적 차원으로 확대되어야 한다고 주장한다. 그렇다면 이러한 다양한 현대 정의론의 관점에서 우리 사회의 공정 문제에 접근한다면 어떠한 논변이 가능할까?

1장

선별적 복지는
공정한가

"최소 수혜자를 위한 불평등은 공정하다"

롤스

존 롤스 John Rawls

존 롤스는 "20세기 가장 중요한 정치 철학자" 가운데 한 명으로 현대 규범적 정치이론 분야를 대표하는 학자다.[1] 1971년에 출판한 대표작 『정의론』은 공정과 정의의 문제를 다루는 "규범적 정치 철학의 부흥"을 가져온 책으로, 아리스토텔레스의 『니코마코스 윤리학』과 함께 이 분야의 가장 중요한 저서로 평가받고 있다.[2]

1921년	미국 메릴랜드 출생
1943년	프린스턴대학 철학학사
1943~1946년	미군 복무
1950년	프린스턴대학 철학박사
1950~1962년	프린스턴대학·코넬대학·매사추세츠공과대학 교수
1962~2002년	하버드대학 철학과 교수 및 명예교수
2002년	81세 나이로 사망

주요 저서: 『정의론A Theory of Justice』(1971), 『정치적 자유주의Political Liberalism』(1993), 『만민법The Law of Peoples』(1999), 『공정으로서의 정의: 재서술Justice as Fairness: A Restatement』(2001)

선별적 복지 vs 보편적 복지

2010년 지방선거를 앞두고 학생들에게 무상급식을 전면적으로 실시할 것인가 선별적으로 실시할 것인가를 두고 논쟁이 있었다. 이후 이 논쟁은 여야 정치권은 물론 시민단체와 학부모, 일반 시민들까지 가세하면서 복지제도 전반에 관한 논쟁으로 확대되었다. 당시 보편적 복지를 주장하는 사람들은 저소득층 학생만을 대상으로 하는 선별적 무상급식이 '낙인 효과'를 가져와 학생들에게 상처를 주고 '있는 집 자식'과 '없는 집 자식' 사이에 편 가르기를 할 수 있다고 강조하며, 소득 수준에 따른 구분 없이 모든 학생에게 전면적 무상급식을 실시해야 한다고 주장했다. 반면 선별적 복지를 주장하는 사람들은 전면적 무상급식이 예산과 비용을 고려하지 않은 무책임한 포퓰리즘이라고 비판하며, 저소득층 학생만을 대상으로 하는 선별적 무상급식이 필요하다고 주장했다. 특히 이들은 "부잣집 아이들 무상급식 할 돈이 있으면 오히려 그 돈으로 저소득층 학생들을 추가적으로 더 지원하는 것이 예산의 효율성 측면에서 더 낫다"고 강조했다. 이 문제는 2011년 8월 24일 서울시에서 실시된 주민투표가 투표율 미달로 무산되고 선별적 무상급식을 주장하던 당시 오세훈 서울시장이 사퇴하면서 전면적 무상급식 실시로 마무리되었다. 이후 무상교육, 무상보육, 무상의료 등 보편적 복지를 요구하는 주장들이 계속 이어지고 있으며, 무상보육과 고교 무상교육 등 일부 정책은 이미 부분적으로 시행 중에 있다.

한편 코로나바이러스감염증(이하 코로나19)이 전 세계적으로 유행하는 상황에서 재난지원금을 모든 국민에게 동등하게 지원할 것인가, 특정 집단을 선별하여 차등적으로 지원할 것인가를 두고 정치권은 물론 일반 국민들 사이에서도 갑론을박이 벌어졌다. 한쪽에서는 코로나19로 인해 모든 국민이 직간접적인 피해를 입은 상황에서 특정 집단만을 선별하여 재난지원금을 지원하는 것은 불공정하다며, 모든 국민에게 재난지원금을 똑같이 나눠주어야 한다고 주장했다. 이재명 전(前) 경기도지사는 하위 50%, 하위

80%처럼 소득에 따라 대상자를 선별하여 지급하는 선별 지급 방식이 "헌법상 평등 원칙을 위반할" 뿐만 아니라 "국민 분열과 갈등을 초래한다"고 주장하며 팬데믹에 따른 소비절벽과 경제위기 해결을 위해 정부가 모든 국민에게 동등한 재난지원금을 지급해야 한다고 주장했다. 반면 선별 지급을 주장하는 사람들은 모든 국민에게 동등한 재난지원금을 지급하는 것이 공정은 아니라고 강조하며 전체적인 예산 상황과 피해 정도를 고려하여 차등적으로 지급해야 한다고 주장했다. 이들은 코로나19로 모든 국민이 직간접적인 피해를 입었지만 피해 정도가 똑같은 것은 아니기 때문에 피해를 더 많이 본 사람에게 더 많은 지원금을 제공하는 것이 정책 효과도 높을 뿐만 아니라 공정 원칙에 부합한다고 주장했다.[3]

이외에 노인을 대상으로 하는 '기초연금'과 아동을 대상으로 하는 '아동수당'을 어떤 방식으로 지급할 것인가, 즉 모든 노인과 아동에게 동등한 금액을 지급할 것인가, 소득 수준에 따라 차등적으로 지급할 것인가의 문제를 두고도 비슷한 논란이 있었다. 현재까지도 논란은 계속되고 있지만, 기초연금은 2022년 1월 기준 단독가구의 경우 월 소득인정액이 180만 원 이하, 부부가구의 경우 월 소득인정액이 288만 원 이하인 만 65세 이상 노인을 대상으로 매월 최대 30만 원을 현금으로 지급하는 선별적 차등 지원이 이루어지고 있으며, 아동수당은 2019년 9월부터 부모 소득에 상관없이 대한민국 국적을 보유한 만 7세 미만(2022년 1월부터는 만 8세 미만) 아동에게 매월 1인당 10만 원을 균등하게 지급하는 보편적 균등 지원이 이루어지고 있다.

　　이처럼 보편적 복지를 둘러싼 논란이 계속되는 가운데 사회 저소득층과 취약계층을 대상으로 하는 선별적 복지 프로그램 또한 1997년 외환위기 이후 지속적으로 확대되었다. 특히 IMF 지원에 따른 구조조정 과정에서 발생한 대량 실업과 빈곤문제의 충격을 흡수하기 위해 2000년 10월 김대중 정부가 처음 도입한 '국민기초생활보장제도'는 "생활이 어려운 자에게 필요한 급여를 제공"함으로써, 비록 충분하지는 않지만, 우리 사회의 안전망 역할을 톡톡히 수행하고 있다. 정부는 소득인정액이 "최저생계비 이하"인 수급자에게 매월 정기적으로 "의복·음식물 및 연료비와 기타 일상생활에 기본적으로 필요한 금품"을 생계급여로 지급하고 있으며 추가로 주거급여, 의료급여, 교육급여, 해산급여, 장제급여, 자활급여를 지급하고 있다.[4] 2022년 기준 생계급여는 소득인정액이 중위소득의 30% 이하에 해당하는 가구 가운데 부양의무자가 없거나, 있어도 부양능력이 없는 경우, 부양의무자의 부양능력이 미약하여 부양을 받을 수 없는 경우 매달 기준 금액에서 소득인정액을 뺀 금액, 즉 1인 가구 최대 58만 3,444원, 2인 가구 최대 97만 8,026원, 3인 가구 최대 125만 8,410원, 4인 가구 최대 153만 6,324원, 5인 가구 최대 180만 7,355원을 현금으로 지급하고 있다. 주거급여는 소득인정액이 중위소득의 46% 이하에 해당하는, 즉 4인 가구 기준 월 소득인정액이 235만 5,697원 이하에 해당하는 가구에 대해 소득인정액, 거주지, 가구원 수에 따라 매달 일정 금액(서울 거주 가구의 경우 매달 최대 50만 6,000원)의 임대료를 지원하고 있으며, 자가 가구는 도배, 난방, 지붕 등의 수선에 필요한 비용을 3~7년에 한 번씩 주기적으로 지원하고 있다. 또한 소득인정액이 중위소득의 40% 이하인 의료급여 수급권자에게 요양비, 건강생활유지비, 일반건강검진비, 임신·출산진료비 등을 포함한 다양한 의료급여를 지원하고 있으며 소득인정액이 중위소득의 50% 이하인 교육급여 수급권자에게 일정 금액의 교육활동비(연 1회 초등학생 33만 1,000원, 중학생 44만 6,000원, 고등학생 55만 4,000원)와 교과서 대금, 입학금, 수업료를 전액 지원하고 있다. 2021년 12월 기준 '국민기초생활보장법'에 의해 급여 또는 서비스를 지원받는 수급자 수는 일반수급자 194만 3,497명, 조건부수급자 28만 4,458명을 포함하여 약 236만 명에 이르고 있다.[5]

그렇다면 이처럼 국가 예산으로 특정 집단만을 선별하여 지원하는 복지 제도는 공정한가? 공정하다면 공정한 이유는 무엇인가? 보편적 복지를 요구하는 사람들의 주장처럼 모든 국민을 (또는 외국인을 포함한 모든 사람을) 균등하게 지원하는 보편적 복지 제도가 공정한 제도이고, 특정 집단을 차등적으로 지원하는 선별적 복지 제도는 불공정한 제도 아닌가? 만약 둘 중 하나만 고른다면 보편적 복지 제도와 선별적 복지 제도 가운데 어떠한 제도가 더 공정한가? 여기서는 롤스의 『정의론』을 중심으로 선별적 복지 제도에 초점을 맞춰 이 제도가 선별적·차등적이긴 하지만 공정 원칙에 부합할 수 있음을 보여주려 한다. 우선 '최대 다수의 최대 행복'을 정의의 원칙으로 제시하는 공리주의에 대한 롤스의 비판부터 살펴보자.

|ııl|
공리주의는 정의로운가

롤스에 따르면, 사회는 개인들이 상호 이익을 위해 모인 협동체로 한편으로는 "이해관계가 일치"하지만, 다른 한편으로는 "이해관계가 상충"하는 특성이 있다. 즉 각자가 자기 혼자만의 노력으로 살아가기보다 협동을 통해 모두가 더 나은 생활을 할 수 있다는 점에서는 이해관계가 일치하지만, 협동에 의한 이익의 분배에 무관심하지 않고 모두가 적은 몫보다는 큰 몫을 원하기 때문에 이해관계가 상충한다. 따라서 모든 사회는 이익을 분배하는 정의의 원칙, 즉 개인들에게 합당한 각자의 몫을 나눠주는 원칙이 필요하다. 이러한 정의의 원칙은 "사회의 기본 제도 안에서 권리와 의무를 할당하는 방식을 제시해주며 사회 협동체의 이익benefits과 부담burdens의 적절한 분배를 규정한다."[6]

그렇다면 사회가 안정적으로 지속되기 위해 어떠한 정의의 원칙이 필요한가? 특히 한 사회 안에서 기본적인 권리와 의무를 할당하고 이익과 부담을 분배하는 "사회의 기본 구조basic structure of society"는 어떠한 정의의 원칙에 따라 구성되어야 하는가? 만약 자신의 이익을 최대한 증진하려는 합리적 목적을 가진, 그리고 자신을 "자유롭고 평등한 존재"로 생각하고 "정의감sense of justice"을 가진 "합리적이고 이성적인 사람들"이 사회의 기본 구조를 구성하는 정의의 원칙에 대해 합의할 경우, 어떠한 원칙을 채택할 것인가?

이 문제와 관련하여 롤스는 우선 개인들이 각자의 가치관이나 사회적 지위와 재산, 타고난 재능에 따라 다양한 정의의 원칙을 가질 수 있음을 인정한다. 예를 들어 부유한 사람들은 재산이 많을수록 세금을 많이 내야 한다는 원칙이 부당하다고 생각할 수 있고, 가난한 사람들은 이러한 원칙이 정의롭다고 생각할 수 있다. 또한 사회적 지위가 높은 사람들은 지위가 높은 사람에게 더 많은 사회적 보상이 이루어져야 한다고 생각할 수 있고, 타고난 재능이 많은 사람들은 사회적 보상이 재능에 따라 이루어져야 한다고 생각할 수 있다. 롤스는 이처럼 각자의 입장에 따라 개인들이 다양한 정의의 원칙을 가질 수 있음을 인정하면서도, 보다 추상적인 상황에서(즉 뒤에서 설명할 '원초적 입장'과 '무지의 베일' 속에서) 사회의 기본 구조를 구성하는 정의의 원칙에 대해 합의할 경우,

단순히 자신의 이익만을 고려하지 않고 때로는 자신의 이익을 일부 희생하더라도 사회 전체 차원의 정의를 고려하여 좀 더 일반적인 정의의 원칙을 채택하게 될 것이라고 주장한다.[7]

롤스는 이어 개인들이 추상적인 상황에서 선택할 수 있는 일반적인 정의의 원칙의 예로 공리주의자들이 주장하는 '공리의 원칙principle of utility'을 제시한다. 롤스에 따르면, '최대 다수의 최대 행복the greatest happiness of the greatest number'으로 대변되는 공리의 원칙은 19세기 이래 서양 도덕 철학을 지배해온 가장 영향력 있는 정의의 원칙으로, 사회의 기본 구조가 사회 전체의 공리 증진 또는 평균적인 공리 증진에 기여할 경우 정의롭고 정당한 것으로 본다. 대표적인 공리주의자 가운데 한 사람인 헨리 시지윅Henry Sidgwick은 공리주의를 "한 사회의 중요 제도가 그 사회에 속한 모든 개인의 만족의 순수 잔여량의 합이 최대가 되도록the greatest net balance of satisfaction 편성될 경우," 즉 모든 구성원의 합리적 욕구에 대한 만족의 총량을 극대화할 수 있도록 편성될 경우 정의롭고 정당한 것으로 보는 사조로 정의한다.[8]

롤스는 이러한 공리의 원칙이 "처음 보면 그럴듯하고 매력적이라는 사실을 부인할 수 없지만,"[9] 자신들을 "평등한 존재로 생각하는 합리적이고 이성적인 사람들"이 좀 더 세심하게 심사숙고할 경우 이를 정의의 원칙으로 채택하지 않을 것이라고 단언한다. 공리의 원칙이 사회 전체의 공리 증진 또는 평균적인 공리 증진에

만 관심을 가질 뿐 이익이 어떻게 분배되는가에 대해 상대적으로 무관심하기 때문이다.[10] 예를 들어, 공리주의의 관점에서 보면 세 사람에게 각각 3억 원, 6억 원, 9억 원을 할당하는 사회보다 1억 원, 7억 원, 19억 원을 할당하는 사회가 사회 전체의 공리 증진이 라는 점에서(전체 이익의 총량이 18억 원 대 27억 원으로 후자가 크다는 점에서) 또는 평균적인 공리 증진이라는 점에서(1인당 평균 이익이 6억 원 대 9억 원으로 후자가 크다는 점에서) 더 정의롭고 정당한 사회가 된다. 롤스는 이러한 공리주의적 정의관을 비판하며 정의는 "다수가 누릴 보다 큰 이익의 총량을 위해 소수에게 희생을 강요하는 것을 용납할 수 없다"고 주장한다.[11]

> 자신들을 서로 평등한 존재로 생각하는 사람들이 단지 다른 사람 이 더 큰 이익의 총량을 누릴 수 있도록 하기 위해 〔즉 사회 전체 의 공리 증진을 위해〕 어떤 사람에게 〔또는 자신에게〕 인생에서 보다 작은 이익을 기대하라고 요구하는 원칙에 동의할 것 같지는 않다. 각자는 자기가 선이라고 생각하는 것을 증진하고 자신의 이익과 능력을 보호하기를 바라기 때문에, 그 누구도 만족의 보 다 큰 순수 잔여량을 가져오기 위해 〔즉 사회 전체의 공리 증진을 위해〕 자신에게 돌아올 손실을 말없이 참을 이유는 없다. (……) 합리적 인간이란 전체 이익의 산술적인 총량을 극대화한다는 이 유만으로 어떤 기본 구조를 받아들이지는 않을 것이다. 그래서

**공리의 원칙은 상호 이익을 위해 모인 평등한 사람들의 사회적 협
동체라는 관념과 양립 불가능한 것으로 생각된다.[12]**

여기서 더 나아가 롤스는 공리의 원칙이 만족의 최대 총량
에만 관심을 가질 뿐 만족의 원천이나 성질에 대해 묻지 않는다
고 비판한다. 공리주의의 관점에서 볼 때 "사회의 복지는 직접적
으로, 그리고 오로지 개인이 갖는 만족이나 불만의 정도에만 달려
있다." 따라서 어떤 사람이 타인을 차별함으로써 만족감을 느끼거
나 "자신의 자존심을 고양시키는 수단으로 타인들의 자유를 감소
시킴으로써 어떤 쾌락을 얻는다면," 이러한 욕구의 만족도 다른
욕구의 만족과 마찬가지로 사회 전체의 공리 증진에 기여하는 것
으로, 즉 정의로운 것으로 간주된다.[13] 롤스는 그러나 "합리적이고
이성적인 사람들"은 "정의감"을 갖고 있기 때문에 다른 사람을 차
별하거나 타인의 자유를 감소시킴으로써 쾌락을 얻는 행위를 부
당한 행위로 간주할 것이며, 따라서 이러한 공리의 원칙을 정의의
원칙으로 채택하지 않을 것이라고 주장한다. 차별하고 타인의 자
유를 감소시키는 행위는 쾌락과 행복의 증진이라는 점에서 "좋은
것the good"은 될 수 있어도, 정의의 측면에서 "올바른 것the right"은 될
수 없다.[14] "소수에게 불이익을 부과하는 일이 다른 사람들이 누
릴 더 큰 이익의 총량"에 의해 정당화될 수는 없다.[15] 정의는 타인
들에게 더 "좋은 것"을 보장하기 위해 소수의 자유를 빼앗는 것을

결코 용납하지 않는다.[16]

롤스는 이러한 두 가지 이유, 즉 공리의 원칙이 사회 전체의 공리 증진 또는 평균적인 공리 증진에만 관심을 가질 뿐 이익의 분배에 무관심하기 때문에, 그리고 결과적으로 얻게 되는 만족의 총량에만 관심을 가질 뿐 만족의 원천에 무관심하기 때문에 "합리적이고 이성적인 사람들"은 공리의 원칙을 정의의 원칙으로 채택하지 않을 것이라고 단언한다. 그렇다면 이들은 공리의 원칙 대신 어떤 원칙을 채택할까?

공정으로서의 정의와 그 원칙들

롤스는 합리적인 이성을 가진 사회 구성원들이 공리의 원칙 대신 "공정으로서의 정의" 원칙을 채택할 것이라고 주장하며 다음 세 가지를 제시한다. 기본적 자유를 최대 한도의 범위에서 모든 사람에게 평등하게 보장하는 "평등한 자유의 원칙principle of equal liberties", 모든 사람에게 동등한 기회를 보장하는 "기회 균등의 원칙principle of equal opportunities", 사회의 "최소 수혜자the least advantaged"에게 이익을 가져다주기 위해 소득과 부 등을 불균등하게 차등적으로 재분배하는 "차등의 원칙difference principle".[17] 그리고 자신의 주장을 뒷받침하기 위해 "원초적 입장original position"과 "무지의 베일veil of ignorance"이라는 가상적 상황을 전제하고 "사고 실험thought experiment" 을 제안한다.

먼저 "원초적 입장"이란 정의의 원칙을 선택하는 과정에 참여하는 사람들이 자유롭고 평등한 상태에서 각자 자신의 목적을 이루기 위해 이성적·합리적으로 사고하고 행동하는 상황이다. 롤스에 따르면, 이 상황에서 사람들은 첫째, 자유롭고 기본적 권리에 있어 평등하다. 즉 모든 이들이 "원칙 선정 절차에 있어 동등한 권리를 갖고 있으며, 누구나 제안할 수 있고 제안을 받아들여야 할 이유를 제시할 수 있다."[18] 둘째, 이들은 자신의 이익을 일부 희생하더라도 더 큰 이익을 위해 타인과 협력하고 사회적 합의와 규칙을 준수하는 이성적 존재이며, 인간 생활에서 가치 있는 것이 무엇인지에 대한 자신의 관점을 상황에 맞게 수정할 수 있는 합리적 존재다. 즉 자신의 입장만을 고집하지 않고 다른 사람의 주장이 타당할 경우 수용하여 받아들이는 합리성을 갖고 있다. 셋째, 협력을 통해 얻을 수 있는 이익의 분배에 무관심하지 않으며 자신의 목적을 추구하기 위해, 타인의 몫을 빼앗거나 부당하게 침해하지 않는 한도 내에서 가능한 한 많은 몫을 분배받기를 원하는 합리적 존재다.[19]

다음으로 "무지의 베일"은 정의의 원칙을 선택하는 과정에 참여하는 사람들이 상호 간에 불화와 편견을 불러일으킬 수 있는 불필요한 정보에 대해 무지한 상황을 의미한다. 롤스는 원초적 입

장에 있는 사람들이 사회의 "기본 재화primary goods," 즉 기본적 자유
와 권리, 기회, 소득, 재산, 자존감의 사회적 토대 등 "사회 안에서
일생을 자유롭고 평등한 시민으로 살아가는 데 누구에게나 필요
한 기본적인 것들"을 분배하는 정의의 원칙을 채택할 때 "타고난
운수나 사회적 여건 때문에 유리하거나 불리해서는 안 된다"는
점, 정의의 원칙이 "한 개인의 특수한 사례에 맞춰 채택될 수 없
다"는 점, "개인의 특정한 성향이나 야망, 가치관이 채택될 원칙에
영향을 주지 말아야 한다"는 점에 동의할 것이기 때문에 정의의
원칙을 채택하는 과정이 다음과 같은 "무지의 베일" 속에서 이루
어져야 한다는 점에 합의할 것이라고 주장한다.[20]

> 각자는 사회에서의 자기의 위치나 계층 또는 사회적 지위를 모르
> 며, 천부적 자산과 능력, 지능과 체력, 기타 등등을 어떻게 타고났
> 는지 자신의 운수를 모른다. 그리고 누구도 선에 대한 자신의 생
> 각, 자신의 합리적 인생 계획의 세부 사항을 알지 못하며, 심지어
> 모험을 몹시 싫어한다든가 비관적 또는 낙관적 성향 같은 자신의
> 심리적 특징까지도 모른다. 또한 자신이 속한 사회의 특수한 상
> 황, 즉 그 사회의 경제적·정치적 상황이나 지금까지 이룩해온 문
> 명이나 문화의 수준도 모른다. 원초적 입장에 있는 사람들은 자
> 신들이 어떤 세대에 속하고 있는지에 대한 어떠한 정보도 갖고 있
> 지 않다. (……) 원초적 입장이라는 관념을 철저히 실현하기 위해

당사자들은 그들의 의견을 대립시키게 될 어떠한 우연한 일도 알아서는 안 된다.[21]

롤스는 이어 원초적 입장에 있는 사람들이 무지의 베일 속에서 기본 재화의 분배와 관련한 정의의 원칙에 합의할 경우 다음과 같은 원칙에 합의할 것이라고 주장한다.

1) 구성원 각자가 다른 사람의 동일한 자유 체계와 양립할 수 있는 가장 광범위한 범위에서 기본적 자유를 평등하게 보장받아야 한다.

2) 사회경제적 불평등은 다음 두 조건을 만족시키도록, 즉 사회경제적 불평등이 (a) 사회의 최소 수혜자에게 최대 이익the greatest benefit of the least advantaged이 되고, (b) 공정한 기회 균등fair equality of opportunity 의 조건에서 모든 사람에게 개방된 직책, 직위와 결부될 수 있도록 편성되어야 한다.[22]

여기서 1번은 주로 헌법과 같은 정치 제도를 구성할 때 적용되는 원칙으로 "평등한 자유의 원칙"으로 불린다. "정치적 자유(투표의 자유와 공직을 가질 자유), 언론과 결사의 자유, 양심의 자유와 사상의 자유, 심리적 억압과 신체적 폭행 및 절단으로부터 인신의 자

원초적 입장과 무지의 베일

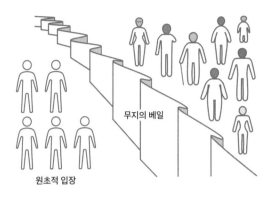

무지의 베일

원초적 입장

유(인격의 완결성), 사유 재산을 소유할 권리와 법의 지배라는 개념으로 규정된 자의적 체포와 구금으로부터의 자유" 등 기본적 자유가 타인의 자유를 침해하지 않는 한도 내에서, 즉 타인의 동일한 자유와 양립 가능한 범위 안에서 최대 한도로 모든 구성원에게 평등하게 보장되어야 한다고 규정한다.[23] 2번은 주로 사회·경제 제도를 구성할 때 적용되는 원칙으로, (a)는 "차등의 원칙", (b)는 "기회 균등의 원칙"으로 불린다. 기회 균등의 원칙은 "권한을 갖는 직위와 명령을 내릴 수 있는 직책"에 접근할 수 있는 기회가 모든 사람에게 균등하게 보장되어야 한다고 규정하며, 그러한 조건에서만 직위와 직책에 따른 사회경제적 불평등을 정당한 것으로 간주한다.[24] 차등의 원칙은 소득과 부의 분배에 있어 불평등이 사회의 최소 수혜자에게 최대 이익이 될 경우에만 정당하다고 규정한다.[25]

그렇다면 원초적 입장에 있는 사람들이 무지의 베일 속에서 이러한 정의의 원칙을 채택하는 이유는 무엇인가? 특히 소득과 부의 분배와 관련하여 차등의 원칙을 채택하는 이유는 무엇인가? 롤스에 따르면, 사람들이 평등한 자유의 원칙과 기회 균등의 원칙을 정의의 원칙으로 채택할 것이라는 점은 직관적으로 쉽게 추론할 수 있다. 자신을 평등한 존재로 생각하는 합리적인 사람이라면 기본적 자유와 사회의 중요한 직위, 직책에 접근할 기회를 모든 사람에게 균등하게 보장하는 것이 가장 합리적이라고 생각할 것이기 때문이다. 반면 차등의 원칙을 채택하는 이유에 대해 롤스는 사람들이 무지의 베일 속에서 "최소 극대화의 규칙maximin rule"을 따르기 때문이라고 주장한다. 최소 극대화의 규칙은 여러 방안들 가운데 최악의 결과를 비교하여 최악의 결과(최소)가 최대가 되는(극대화) 방안을 선택하는 방식으로, A안의 최악의 결과, B안의 최악의 결과, C안의 최악의 결과를 비교하여 이 가운데 최악의 결과가 최대인 방안을 선택하는 것이다.[26] 이는 합리적 행위자가 무지의 베일처럼 불확실한 상황에서 의사결정을 할 때 주로 사용하는 규칙이다.

한편 롤스는 이러한 세 가지 정의의 원칙이 동등한 중요성이 아니라 "서열적인lexical" 중요성을 갖는다고 주장한다. 먼저 평등한 자유의 원칙이 가장 중요하고, 다음이 기회 균등의 원칙, 마지막이 차등의 원칙이다. 평등한 자유의 원칙이 다른 원칙들에 우선한다는 것은, 설령 사람들이 자신의 기본적 자유와 정치적 권리를 포기하여 사회경제적으로 훨씬 더 큰 보상을 받을 수 있더라도 그러한 교환, 즉 기본적 자유와 사회경제적 이익 사이의 교환이 허용될 수 없음을 의미한다.[27] 기본적 자유의 제한은 더욱 중요한 다른 기본적 자유를 보장하기 위한 목적으로만 가능하다.[28] 다음으로 기회 균등의 원칙이 차등의 원칙에 우선한다는 것은, 사회의 최소 수혜자에게 최대 이익을 보장하기 위해 기회 균등의 원칙을 위반해서는 안 된다는 것을 의미한다. 부와 소득을 사회의 최소 수혜자에게 최대 이익이 될 수 있도록 불평등하게 분배하더라도, 이는 기회 균등의 원칙과 (그리고 평등한 자유의 원칙과) 양립 가능한 범위 안에서 이루어져야 한다. 기회 불균등은 보다 적은 기회를 가진 사람들의 기회를 증대하기 위한 목적에 한해서만 허용되어야 하며, 최소 수혜자에게 최대 이익을 보장하기 위한 목적으로는 허용될 수 없다.[29] 이에 더해 롤스는 이러한 부와 소득의 불평등한 배분은 모든 구성원에게 이익이 되어야 한다고 강조한다. 즉 부와 소득이 균등하게 분배된 상황과 비교할 때 차등의 원칙에 따른 이익의 분배가 모든 구성원에게 더 많은 부와 소득을 보장해야 한다.[30]

그렇다면 가상적 상황을 통해 '공정으로서의 정의' 원칙을 정리해보자. 먼저 모든 개인은 자유롭고 평등한 상태에서 각자 자신의 목적을 이루기 위해 이성적·합리적으로 사고하고 행동하는

'원초적 입장'에 있으며, 사회의 기본 구조를 구성하는 정의의 원칙에 합의하기 위해 상호 간에 불화와 편견을 불러일으킬 수 있는 불필요한 정보에 대해 무지한 '무지의 베일' 속에 있다고 가정하자. 그리고 모든 개인에게 평등한 자유의 원칙과 기회 균등의 원칙에 따라 기본적 자유와 공정한 기회가 균등하게 보장되어 있다고 가정하자. 이러한 조건하에서 평생 벌 수 있는 기대 소득이 표에 나타난 여섯 가지 상황과 같이 최소 수혜자 집단과 중간층 집단, 최대 수혜자 집단 사이에 차등적으로 분배될 경우 모두가 평등한 최초의 상황과 비교할 때 가장 공정하고 정의로운 것은 무엇인가?

표에서 평생 벌 수 있는 기대 소득이 최대인 경우는 최소 수혜자 집단은 C(400), 중간층 집단은 F(1500), 최대 수혜자 집단은 E(2500)와 F(2500)다. 이 가운데 공리주의의 관점에서 볼 때 최상의 상황은 F다. 사회 전체의 기대소득(4200)과 평균적인 기대소득(1400)이 최대가 되기 때문이다. 그러나 차등의 원칙의 관점에서 볼 때 최상의 상황은 C다. 왜냐하면 C의 상황에서, 비록 사회 전체의 기대 소득(2800) 측면에서 볼 때 D(3500), E(3600), F(4200)보다 낮고 평균적인 기대소득 측면에서 볼 때도 D, E, F보다 낮지만, 최소 수혜자에게 최대의 소득(400)을 보장하는, 즉 '최소 극대화의 규칙'을 따르기 때문이다. "차등의 원칙은 최소 수혜자의 기대치를 극대화시키는" 것으로, 다른 사람들의 처지가 개선되더라도

상황에 따른 가상적 기대 소득

집단 상황	최소 수혜자	중간층	최대 수혜자	합계	비고
최초의 상황	100	100	100	300	
A	200	300	500	1000	
B	300	600	1000	1900	
C	400	900	1500	2800	차등의 원칙에서 최상의 상황
D	300	1200	2000	3500	
E	200	900	2500	3600	
F	200	1500	2500	4200	공리의 원칙에서 최상의 상황

최소 수혜자의 처지가 개선되지 않으면 아무런 이점이 없다.[31] 따라서 어떤 사회가 C가 아니라 E 또는 F의 상황으로 나아간다면, 중간층과 최대 수혜자에게 과세하여 재원을 마련하고 이를 최소 수혜자에게 재분배함으로써, 최소 수혜자가 C의 상황에서 기대할 수 있는 소득(400)과 동일하거나 더 많은 소득을 누릴 수 있도록 보장해야 한다. 롤스의 관점에서 볼 때 이러한 차등적·선별적 재분배는 사회의 최소 수혜자의 이익을 증대시키기 위한 불평등이라는 점에서 정의의 원칙에 부합한다.

||,,||

정의로운 복지를 위해

롤스의 '공정의로서의 정의'는 사회가 협력을 통해 창출한 이익을 공정하게 분배하기 위한 정의의 원칙으로 '평등한 자유의 원칙', '기회 균등의 원칙', '차등의 원칙'을 제시한다. 그렇다면 이러한 정의의 원칙을 제도로 구현할 경우 어떠한 사회 체제가 필요한가? 롤스는 사회 체제가 정의롭기 위해서는 다음과 같이 편성되어야 함을 강조한다. 첫째, 평등한 자유의 원칙을 구현하기 위해 정부는 양심의 자유와 사상의 자유를 포함한 기본적 자유를 최대한 폭넓게 보장해야 하고, 사회의 기본 구조는 기본적 자유와 권리를 보장하는 정의로운 헌법에 의해 규제되어야 한다. 둘째, 공정한 기회 균등을 보장하기 위해 정부는 비슷한 재능과 의욕을 가진 사람들에게 동등한 교육 기회를 보장해야 하고, 경제활동과 직업 선택에서 기회 균등을 보장해야 한다. 셋째, 차등의 원칙을 구현하기 위해 정부는 가족 수당 및 질병과 실업에 대한 특별 급여와 저소득층을 선별적으로 지원하는, 이른바 "네거티브 소득세negative income tax" 방식 등을 통해 모든 구성원에게 최저 생활을 보장해야 한다. 즉 소득이 많은 사람에게 누진적으로 더 많은 세금을 부과하는 것과 반대로, 소득이 적은 사람에게 누진적으로 더 많은 현금을 지원함으로써 분배 불평등을 보정해야 한다.[32]

요컨대 사회 체제가 정의롭기 위해서는 정부가 기본적 자유와 권리를 최대한 평등하게 보장하고 교육과 경제 활동에서 기회 균등을 보장하며, 이러한 조건에서 개인의 능력과 재능, 노력에 따라 불가피하게 발생하는 사회경제적 불평등을 완화하기 위해 상속세, 증여세, 소득세, 소비세 등의 조세 제도를 통해 부와 소득을 재분배하고, 사회의 최소 수혜자인 저소득층을 선별 지원함으로써 모든 구성원에게 최저생활 수준을 보장해야 한다. 롤스에 따르면, 부의 불평등이 어느 한계를 넘어가면 평등한 자유 보장과 공정한 기회 균등 원칙이 위험에 빠질 수 있고 궁극적으로 사회의 안정성stability 자체도 위협받을 수 있기 때문에, 차등의 원칙을 통해 부의 불평등을 어느 한계 안에서 관리하는 것이 상호 이익을 위한 협동체인 사회의 안정성을 유지하는 데 매우 중요하다. 롤스는 그러나 사회가 허용할 수 있는 사회경제적 불평등의 한계가 구체적으로 어느 정도인지에 대해서는 명시적으로 밝히지 않는다. 다만 그 한계가 개별 사회의 역사적 상황과 특수성에 의해 달라질 수 있다는 점과 "정치적 판단"의 문제라는 점만을 지적한다.[33]

이러한 롤스의 정의론은 우리 사회에서 논란이 되고 있는 선별적 복지 제도의 공정성을 뒷받침하는 강력한 논거를 제공한다. 공정으로서의 정의 원칙 중 특히 차등의 원칙은 사회의 최소 수혜자를 대상으로 한 선별적 지원의 필요성을 강조한다. 물론 롤스의 정의론이 보편적 복지의 필요성을 부정하는 것은 아니다. 롤스는 기본적으로 사회의 중요한 재화, 즉 기본적 자유와 권리, 기회, 소득, 재산 등 사회의 기본 재화가 사회 구성원에게 평등하게 분배되어야 한다고 보았다. 또한 『정의론』에서 국방과 기초 보건 등에서 모든 시민이 차별 없이 동일한 혜택을 받아야 한다고 강조한다.[34] 그러나 차등의 원칙을 통해 사회의 최소 수혜자에 대한 선별적 지원의 필요성을 강조함으로써 보편적 복지가 항상 공정하고 선별적 복지는 항상 불공정하다는 이분법적 구분을 부정한다. 사회의 최소 수혜자를 차등적으로 지원하는 선별적 복지는, 사회의 최소 수혜자가 누구인지 규정하는 현실적 어려움이 있지만, 사회 전체 차원에서 불평등 완화에 기여한다는 점에서 공정의 원칙에 부합하며, 궁극적으로 사회의 안정성과 협력의 지속 가능성 향상에 기여한다.

2장

소득 격차는
공정한가

"과정이 정당하면 모든 것이 공정하다"
노직

로버트 노직 Robert Nozick

로버트 노직은 개인의 자유와 재산권의 절대성을 주장하는 자유지상주의libertarianism를 대표하는 학자로, 소득과 부의 분배 문제에서 국가에 의한 재분배에 반대한다. 재산 취득과 이전 과정의 정당성에 초점을 맞춘 그의 정의론은 '정의의 자격 이론'으로 불리며 롤스의 정의론과 함께 규범적 정치이론 분야를 대표하는 이론으로 평가받고 있다.

1938년	미국 뉴욕 출생
1959년	컬럼비아대학 철학학사
1963년	프린스턴대학 철학박사
1963~1964년	옥스퍼드대학 풀브라이트 스칼라Fulbright Scholar
1964~1969년	프린스턴대학·하버드대학·록펠러대학 교수
1969~2002년	하버드대학 철학과 교수
2002년	63세 나이로 사망

주요 저서: 『무정부, 국가, 그리고 유토피아Anarchy, State, and Utopia』(1974), 『철학적 설명 Philosophical Explanations』(1981), 『삶의 고찰The Examined Life』(1989), 『합리성의 본질The Nature of Rationality』(1993), 『소크라테스의 퍼즐Socratic Puzzles』(1997), 『불변성Invariances』(2001)

우리나라의 소득 격차

코로나19가 유행하는 가운데 경제적 충격이 저소득층에 집중되면서 소득 격차가 큰 폭으로 확대되고 있다. 특히 팬데믹으로 인한 '거리두기' 조치로 음식·숙박 등 대면형 서비스 업종이 심각한 타격을 받으면서 이 분야에 종사하는 영세 자영업자와 노동자들이 폐업으로 내몰리거나 일자리를 잃는 등 경제적 어려움이 가중되고 있다. 반면 일부 전문직 고소득자와 매출 증대로 호황을 누리는 대기업 임직원들의 경우 과거보다 오히려 소득이 늘어난 것으로 나타났다. 이뿐만 아니라 같은 업종 안에서도, 심지어 같은 회사 안에서도 양극화가 심화되면서 사회 전반적으로 소득 격차가 확대되고 있다. 이러한 소득 양극화는 사실 코로나19 유행 이전부터 세계적인 화두였다. 신자유주의는 경제적 불평등을 전 지구적 수준으로 확대했다. 그렇다면 현재 우리나라의 소득 격차는 구체적으로 어느 정도인가?

　　　통계청이 2021년 8월 19일 발표한 「2021년 2분기 가계동향조사 결과」에 따르면, 2021년 2분기 기준 전국 1인 이상 가구의 월평균 소득은 428만 7,000원으로 전년 동분기 대비 0.7% 감소했고, 특히 하위 20%에 해당하는 1분위의 월평균 소득은 96만 6,000원으로 전년 동분기 대비 6.3% 감소한 것으로 나타났다. 반면 상위 20%에 해당하는 5분위의 월평균 소득은 924만 1,000원으로 2020년 동분기 대비 1.4% 상승한 것으로 나타났다. 이에 따라 2021년 2분기 기준 소득불균형 지표로 불리는 균등화 처분가능소득 5분위 배율, 즉 처분가능소득을 가구원 수로 배분한 소득을 기준으로 상위 20%에 해당하는 5분위와 하위 20%에 해당하는 1분위 가구 소득을 비교한 배율은 전년 동분기 5.03에서 5.59로 확대되었다. 이는 가구원 수를 고려했을 때 대략 상위 20% 가구와 하위 20% 가구의 가처분소득 격차가 전년 동분기 5배에서 5.6배로 확대되었음을 의미한다. 소득 분위별 월평균 소득을 구체적으로 살펴보면 1분위 96만 6,000원, 2분위 236만 5,000원, 3분위 361만 1,000원, 4분위 519만 2,000원, 5분위 924만 1,000원으로, 연소득으로 환산할 경우 3분위를 기준으로 전체 가구 가운데 약 60%에 해당하는 가구의 연평균 소득이 4,300만 원이 안 된다. 또한 소득에서 세금, 연금지출, 의료보험료, 이자비용 등을 제외한 실제 가처분소득의 경우 1분위 81만 2,000원, 2분위 199만 원, 3분위 302만 8,000원, 4분위 421만 원, 5분위 722만 2,000원으로 연소득으로 환산할 경우 하위 20%에 해당하는 가구의 연 가처분소득은 1,000만 원이 안 되는 반면 상위 20%에 해당하는 가구의 연 가처분소득은 약 8,500만 원에 달하고 있다.

이처럼 사회 전반적으로 소득 격차가 확대되고 있는 가운데 고소득층 내부에서도 소득 격차가 확대되고 있다. 기업평가 사이트 'CEO스코어'가 국내 500대 기업 가운데 2021년 3월 26일까지 사업보고서를 제출한 294개 기업의 2020년 직원, 등기이사, 미등기임원의 급여를 전수 조사한 결과에 따르면, 이들 조사 대상 기업의 직원 1인당 평균 연봉은 8,120만 원에 달하는데, 미등기임원의 평균 연봉은 3억 5,890만 원으로 직원보다 평균 4.4배 이상 높은 것으로 나타났다. 특히 이마트의 경우 직원 1인당 평균 연봉은 3,790만 원에 불과한 반면 미등기임원의 평균 연봉은 6억 9,100만 원으로, 직원보다 무려 18.2배나 많은 연봉을 받고 있는 것으로 나타났다. 이외에도 조사 대상 294개 기업의 등기이사 평균 연봉은 8억 7,010만 원으로 직원보다 약 10.7배 많은 연봉을 받고 있으며, 엔씨소프트의 경우 직원 1인당 평균 연봉이 9,610만 원인 반면 등기이사 평균 연봉은 94억 5,300만 원으로 격차가 무려 98.4배에 달하는 것으로 나타났다.

이러한 소득 격차는 많은 사람들이 선망하는 직업인 연예인들 사이에서도 나타나고 있다. 국회 기획재정위원회 소속 더불어민주당 양경숙 의원이 국세청에서 받은 「2014~2018년 업종별 연예인 수입금액 현황」 자료에 따르면, 2018년 소득을 신고한 가수 6,372명이 벌어들인 연소득은 총 4,095억 원으로 1인당 평균 6,428만 원이었으며, 이 가운데 상위 1%에 해당하는 63명은 총 2,171억 6,000만 원을 벌어 1인당 평균 34억 4,698만 원의 소득을 올린 것으로 나타났다. 반면 나머지 99%의 1인당 소득은 3,090만 원에 불과해 이들의 평균 소득과 상위 1%의 평균 소득 사이의 차이는 113배에 달하는 것으로 나타났다. 또한 탤런트와 개그맨·성우를 포함한 '배우 등 업종 종사자' 1만 8,072명의 2018년 소득은 총 6,531억 8,000만 원으로 1인당 평균 3,614만 원이었으며, 이 가운데 상위 1%에 해당하는 180명의 소득은 총 3,064억 6,000만 원으로 1인당 17억 256만 원에 달하는 것으로 나타났다. 즉 상위 1%의 소득이 전체 소득의 약 46.9%를 차지하고 있다.

그렇다면 이러한 소득 격차는 공정한가? 유명 연예인은 인기가 많다는 이유로 TV 광고 한 편에 수억 원의 소득을 올리는 반면 무명 연예인은 인기가 없고 '실력'이 부족하다는 이유로 열심히 일해도 1년에 3,000만 원밖에 벌지 못하는 현실은 공정한가?

기업의 성과는 넓은 의미에서 보면 모든 직원이 협력해서 거둔 성과인데, 고위 임원이라는 이유로 직원보다 수십 배나 많은 연봉을 받고, 수십 배나 많은 성과급을 챙기는 것은 공정한가? 야근과 온갖 뒤치다꺼리는 직원들이 다 하는데 누구는 쥐꼬리만 한 연봉밖에 못 받고, 누구는 임원이라는 이유로 수억 원의 연봉을 챙기는 것은 공정한가? 더 나아가 사회 전체적인 차원에서 정규직과 비정규직, 전문직과 일반직, 남성과 여성, 대졸과 고졸 사이의 임금 격차는 공정한가? 자본주의 사회에 나타나는 이러한 임금 격차와 소득 격차는 공정한가? 공정하다면 그 이유는 무엇이며 근거는 무엇인가? 여기서는 자유지상주의자libertarian로 잘 알려진 노직의 '정의의 자격 이론'을 중심으로 자본주의 사회에 나타나는 소득 격차가 어떻게 공정한 것으로 정당화될 수 있는지 알아보려 한다. 우선 공리주의와 롤스의 정의론에 대한 노직의 비판부터 살펴보자.

||،||

공리주의와 롤스는 부도덕하다

노직은 『무정부, 국가, 그리고 유토피아』에서 정의론을 본격적으로 서술하기에 앞서 가장 기본적인 전제로 모든 개인은 누구도 침범할 수 없는 절대적 권리를 갖고 있다는 점과, 국가 또는 사회가 사회 전체의 이익 또는 공공의 이익이라는 명분으로 이러한 권리를 제한하거나 침범하는 것은 부당하다는 점을 강조한다. 노직은 특히 국가가 사회 전체 차원에서 분배 정의 실현을 위해, 또는 당사자 개인을 도덕적으로 교화하기 위해 개인의 권리를 제한하거나 침범하는 것은 도덕적으로 용납될 수 없다고 주장한다.

> 개인은 권리를 갖고 있으며, 다른 사람이나 집단이 (개인의 권리를 침해하지 않기 위해) 해서는 안 되는 것들이 있다. (……) 국가에 관한 우리의 주요 결론은 타인의 폭력과 절도, 사기, 계약의 강제 등으로부터 개인을 보호하는 제한된 기능만을 수행하는 최소국가 minimal state만이 정당화될 수 있으며, 그 이상의 기능을 수행하는 포괄적 국가는 강제당하지 말아야 할 개인의 권리를 침해하는 것으로 정당화될 수 없다는 점이다. (……) 국가가 시민들로 하여금 다른 시민들을 돕게 할 목적으로, 또는 당사자 개인을 보호하고 당사자 개인에게 선善이 된다는 이유로 어떤 행동을 하지 못하도록 금지하기 위해 강제적인 수단을 사용해서는 안 된다는 것이다.[1]

이처럼 모든 개인이 국가 또는 사회가 침범할 수 없는 불가침의 절대적 권리를 갖고 있다는 점을 전제한 후 노직은 로크가 『통치론Two Treatises of Government』에서 인간의 자연권natural rights으로 강조하는 권리, 즉 생명 보전의 권리와 자유권, 재산권 등을 이러한 절대적 권리의 예로 제시한다.[2] 노직은 다음과 같이 로크를 인용하면서 그의 주장을 당연한 것으로 전제한다.

> **로크의 자연 상태에서 개인은 "타인에게 허락을 구하거나 타인의 의지에 구애받지 않고 자연법의 범위 안에서 자신이 적합하다고 생각하는 바에 따라 자신의 행동을 규율하고 자신의 소유물과 인신person을 처분할 수 있는 완전한 자유의 상태에 있다"(4절). 자연법은 "타인의 생명과 건강, 자유 또는 소유물을 침해하지 말 것을 요구한다"(6절).[3]**

노직은 더 나아가 개인의 권리의 절대성과 불가침성을 강조하며 공리주의를 비판한다. 앞서 롤스의 정의론을 설명하며 언급했듯이, 공리주의는 '최대 다수의 최대 행복'을 모토로 하는 철학 사조로서 어떤 정책 또는 개인의 행동이 일부 개인에게 희생을 요구하더라도 사회 전체적으로 보다 큰 이익을 가져다줄 수 있다면, 즉 최대 다수의 최대 행복에 기여할 수 있다면 올바르고 정의로운 것으로 간주한다. 노직은 이러한 공리주의가 사회 전체의 이익과 공리를 위해 개인의 권리 침해를 인정한다는 점에서 정당화될 수 없다고 주장한다. 노직에 따르면, 사회 전체의 이익과 공리를 위해 개인의 희생을 정당화하는 공리주의는 "모든 인간을 항

상 수단이 아니라 목적으로 대하라"는 칸트의 정언명령에 배치된
다.[4] 개인은 "신성불가침inviolable"한 존재이며 "당사자 동의 없이 다
른 목적을 성취하기 위한 [수단으로] 희생되거나 사용되어서는
안 된다."[5]

　　그렇다면 노직이 이처럼 사회 전체의 이익과 공리를 명분
으로 개인의 권리 침해가 불가하다고 주장하는 근본적인 이유는
무엇인가? 노직은 이와 관련하여 극단적인 개인주의 입장에서
"사회적 실체social entity"의 존재를 부정하고, 오직 존재하는 것은 개
인들, 즉 "각자가 자신의 삶을 영위하는 서로 다른 개인들만 존재"
하기 때문이라고 주장한다.[6] 다음은 노직의 이러한 개인주의 입
장을 잘 드러내준다.

　　왜 보다 큰 사회적 선good을 위해 다른 사람을 침범해서는 안 된다
　　는 것일까? 우리 개인들 각자는 때때로 보다 큰 이익benefit을 위
　　해, 또는 보다 큰 피해harm를 피하기 위해 어떤 고통이나 희생을
　　감수하는 것을 선택한다. 우리는 나중에 올 보다 큰 아픔을 피하
　　기 위해 치과의사를 찾아가고 [보다 더 좋은] 결과를 위해 때때로
　　불쾌한 일도 서슴지 않으며, 몇몇은 자신의 건강과 외모를 가꾸기
　　위해 다이어트를 하기도 하고, 몇몇은 노년을 위해 저축을 하기도
　　한다. 각각의 경우에서 사람들은 전체적으로 보다 더 큰 선을 위
　　해 일정 정도 비용을 감수한다. 그렇다면 마찬가지로 비슷하게 왜

일부 사람이 사회 전체의 선overall social good을 위해 다른 사람에게 더 많은 이익이 돌아가도록 비용을 부담해야 한다고 생각할 수 없을까? 그러나 자신의 선을 위해 어떤 희생을 감수할 만한 재화를 가진 사회적 실체social entity는 존재하지 않는다. 존재하는 것은 개인뿐이다. 각자가 자신의 삶을 영위하는 서로 다른 개인들만 존재할 뿐이다. 이 사람들 가운데 한 명을 타인의 이익을 위해 이용하는 것은 그를 〔수단으로〕 이용하여 타인에게 이익을 가져다주는 것일 뿐이다. (……) 사회 전체의 선을 이야기하는 것은 이러한 사실을 (의도적으로?) 은폐할 뿐이다. 한 사람의 인격을 이러한 식으로 이용하는 것은 그 사람이 독립된 인격체separate person라는 사실을, 그리고 그의 삶이 그가 가진 유일한 삶이라는 사실을 충분히 존중하지도 고려하지도 않는 것이다. 그는 그의 희생에 상응하는 응분의 대가를 받지 못하고 있으며, 누구도 그에게 이를 강요할 자격이 없다. (……) 국가나 정부 또한 마찬가지로 그에게 희생을 강요할 수 없다.[7]

노직은 이처럼 모든 개인이 독립된 존재라는 점을 강조하며 "사회 전체의 선"을 위해 개인의 희생이 필요하다는 주장에 강력히 반대한다. "우리 일부가 타인을 위해 희생되는 것은 어떠한 경우에도 정당화될 수 없다. (……) 각자 독립적인 삶을 영위하는 서로 다른 개인들이 존재할 뿐이며 어느 누구도 다른 사람을 위해 희생될 수 없다." 노직은 이를 자유지상주의적 "도덕적 측면 제약moral side constraints"이라 부르며 국가 정책과 개인의 행동이 이러한 제약 조건 안에서 이루어져야 함을 강조한다.[8]

노직은 여기서 더 나아가 사회의 '최소 수혜자'를 위한 '재분배' 필요성을 강조하는 롤스의 정의론 또한 공리주의와 마찬가지로 '사회 정의'라는 "사회 전체의 선"을 위해 개인의 권리를 침해한다고 비판하며, 고소득자에게 세금을 징수하여 이를 다시 사회의 '최소 수혜자'에게 재분배하는 제도를 다음과 같이 "강제 노동"에 비유한다.

> 근로 소득에 대한 과세는 강제 노동과 같다. (……) 어떤 사람으로부터 n시간분의 소득을 취하는 것은 그 사람에게서 n시간을 빼앗는 것과 같다. 이는 그 사람으로 하여금 다른 사람을 위해 n시간만큼 일하도록 강제하는 것과 마찬가지이다. 일부 다른 사람들은 이 주장이 터무니없다고 생각한다. 그러나 심지어 이들도, 만약 강제 노동에 반대한다면, 히피hippies 실업자들로 하여금 곤궁한 사람들의 이익을 위해 일하도록 강제하는 것에 반대할 것이다. 이들은 또한 각 개인들에게 곤궁한 사람들을 위해 매주 다섯 시간씩 추가로 일하도록 강제하는 것에도 반대할 것이다.[9]

요컨대 노직은 모든 개인이 불가침의 절대적 권리를 갖고 있으며 국가 또는 사회가 공리주의자들이 주장하는 사회 전체의 공리 증진이라는 명분으로, 또는 롤스와 같은 평등주의자들이 주장하는 사회 정의 실현이라는 명분으로 이러한 권리를 제한하거나 침범해서는 안 된다고 주장한다. 이익을 공유하는 실체로서의 사회는 존재하지 않으며 "각자 독립적인 삶을 영위하는 서로 다른 개인들"만 존재할 뿐이다. "어느 누구도 다른 사람을 위해 희생될 수 없으며," 국가 또는 사회가 "사회 전체의 선"을 위해 개인의 희생을 강제하는 것은 도덕적으로 정당화될 수 없다. 그렇다면 이러한 노직의 관점에서 볼 때 공정하고 정의로운 것은 무엇인가?

정의의 자격

노직은 사회 전체의 공리 증진을 강조하는 공리주의적 정의론과 사회의 최소 수혜자들을 위한 재분배를 강조하는 롤스의 정의론이 개인의 권리를 부당하게 침해한다고 주장하며 대안으로 '정의의 자격 이론'을 제시한다. '정의의 자격 이론'은 사회 정의를 논할 때 "소유물holdings"이 사람들 사이에 어떻게 배분되어 있는지, 즉 지금 현재 누가 무엇을 얼마나 많이 또는 얼마나 적게 소유하고 있는지 문제 삼지 않으며, 대신 소유물 취득acquisition과 이전transfer 과정의 정당성에 초점을 맞춰 정의를 논한다. 소유물을 소유하게 된 과정이 정당하게 이루어졌다면 소유물 배분의 "최종 결과end-result"가 사회 전체의 공리 증진에 기여하지 못하더라도, 또는 사회의 최소 수혜자에게 이익을 가져다주지 못하더라도 공정하고 정의로운 것으로 간주한다.

노직은 이처럼 소유물 취득과 이전 과정의 정당성에 초점을 맞춘 자신의 이론을 "역사적" 정의론이라 부르며 "현재 시간 단면current time-slice"에서 분배의 최종 결과에 초점을 맞춘 공리주의적 정의론 및 롤스의 정의론과 구분한다. 노직에 따르면, 공리주의는 소유물 취득과 이전의 "역사"에 대해서는 상대적으로 무관심한 채 분배의 "최종 결과"가 최대 다수의 최대 행복에 기여하기만 하면, 즉 사회 전체의 공리 증진에 유용하기만 하면 정의로운 분배로 간주하며, 롤스의 정의론 또한 분배의 "최종 결과"가 사회의 '최소 수혜자'에게 최대 이익이 될 경우 정의로운 분배로 간주한다. 반면 '정의의 자격 이론'은 분배의 "최종 결과"에 상관없이 소유물 취득과 이전의 "역사적 과정"이 합법적으로 정당하게 이루어졌다면 분배 결과가 사회 전체의 공리 증진에 유용하지 않더라도, 또는 사회의 '최소 수혜자'에게 손해가 되더라도 정의로운 것으로 간주하고 재분배의 필요성을 부정한다.[10] 노직의 관점에서 재분배가 정당화되는 경우는 취득과 이전 과정에서 부당하게 "다른 사람의 물건을 훔치거나, 사취하거나, 또는 다른 사람을 노예화하고 그들의 생산물을 수탈하거나, 그들이 자신의 원하는 바대로 살아가지 못하게 하거나, 교환 과정에서 강제로 배제하는"
등 부정injustice이 발생하여 결과를 왜곡한 경우, 즉 취득과 이전 과
정의 부정을 바로잡기 위한 "교정rectification" 목적의 재분배만이 정
당화될 수 있다.[11] 요컨대 '정의의 자격 이론'은 분배의 최종 결과
가 아니라 과정에 초점을 맞춘 정의론으로 "취득에서의 정의의
원칙", "이전에서의 정의의 원칙", 취득과 이전 과정에 나타난 부
정을 바로잡는 "교정에서의 정의의 원칙"을 정의의 원칙으로 제
시한다.[12]

그렇다면 어떠한 취득과 이전이 정당한 취득과 이전인가?
노직은 취득에 대해 자신의 입장을 구체적으로 밝히고 있지는 않
다. 다만 노직의 정의론이 로크의 이론을 전제하고 있어 이 문제
와 관련해서도 기본적으로 로크의 재산권 이론을 수용하고 있다.
로크는 『통치론』에서 재산권에 대해 설명하면서, 소유주가 없는
자연의 산물에 인간이 자신의 노동을 "섞음mixing"으로써 그 산물
에 대한 재산권을 갖게 된다고 주장했다.[13] 노직은 이러한 로크의
재산권 이론에 한계가 있다는 점을 지적하면서도,[14] 로크의 이론
을 바탕으로 노동이 무엇인가를 더욱 가치 있게 만들 수 있고, "자
신이 가치를 창출한 것에 대해서는 누구나 소유할 자격이 있다
entitled to own"고 주장한다. 즉 타인의 것을 빼앗지 않고 자신의 노동
으로 무엇인가 새로운 가치를 만들 경우, 최소한 새로 만들어진
가치에 대해서는 누구나 정당하게 재산권을 취득할 수 있으며,[15]

특히 사유재산 제도는 "생산 수단을 가장 효율적으로 (유익하게) 사용할 수 있는 사람의 손에 쥐여줌으로써 사회 전체의 생산 증대"에 기여할 수 있다.[16] 다음으로 정당한 이전과 관련하여 노직은 개인들 사이에 발생하는 자발적인 교환과 증여, 양도, 유증bequest 등을 정당한 이전의 사례로 제시한다.[17] 이러한 노직의 관점에서 볼 때 사람들이 자신의 노동을 투입해 가치를 창출하고, 이렇게 창출한 가치를 자발적으로 교환, 증여, 양도, 유증한 결과로 나타나는 모든 분배 구조는, 사회 전체의 공리 증진에 기여하지 못하고 불평등으로 이어지더라도, 그 자체로 공정하고 정의롭다.

반면 노직은 공리주의와 롤스의 정의론이 '정당한' 과정을 거쳐 나타난 분배 결과에 대해서도 특정한 기준, 즉 '최대 다수의 최대 행복' 또는 '최소 수혜자의 최대 이익' 등의 기준에 따라 정의로운 분배 구조와 정의롭지 못한 분배 구조를 구분한다고 주장한다. 노직에 따르면, 과정의 정당성을 중시하는 자신의 정의론과 달리 공리주의와 롤스의 정의론은 과정의 정당성에는 상대적으로 무관심한 채 특정한 기준에 따라 "정형화patterning"된 분배 구조를 정의로운 분배 구조로 특정하고, 결과적으로 나타난 분배 구조가 이러한 정형에서 벗어날 경우 국가 또는 사회의 간섭을 불가피한 것으로 간주한다. 롤스의 정의론은 최종 결과로 나타난 분배 구조가 사회의 '최소 수혜자'에게 최대 이익을 가져다주지 못할 경우 국가가 개입하여 사회의 '최소 수혜자'에게 더 많은 것을 재분배하도록 요구한다. 이러한 이유로 노직은 기존 정의론의 정형화된 분배 구조는 국가 또는 사회의 지속적인 간섭 없이 유지될 수 없다고 주장한다. 재분배를 통해 특정한 기준에 부합하는 정형화된 분배 구조를 한 번 만들었더라도 개인들 사이의 자발적 교환과 증여, 양도를 전면 금지하지 않는 이상 이러한 분배 구조는 쉽게 "전복thwarted"될 수밖에 없으며, 정형화된 분배 구조를 회복하기 위해 또 다른 재분배를 필요로 한다.[18]

    이와 관련하여 노직은 당시 미국 NBA에서 가장 인기 있었던 농구 선수인 윌트 체임벌린Wilt Chamberlain의 사례를 들며 개인들의 자발적 행위가 정형화된 분배 구조를 어떻게 전복시킬 수 있는지, 그리고 공리주의와 롤스의 정의론 같은 정형적 정의론은 왜 국가의 끊임없는 간섭과 재분배를 요구하는지 설명한다. 먼저 특정한 기준에 따라 정형적 분배가 이루어진 상태(이는 모두에게 동일한 몫을 분배한 상태일 수도 있고, 공리주의 원칙에 따라 최대 다수의 최대 행복을 위한 분배가 이루어지거나 차등의 원칙에 따라 사회의 최소 수혜자에게 최대의 이익이 돌아가도록 분배가 이루어진 상태일 수도 있다)를 가정한다. 그리고 체임벌린이 어느 구단과 홈 게임 입장권 수입에서 티켓 한 장당 25센트를 받기로 계약했다고 가정하는데, 여기서 체임벌린의 경기를 관람하는 모든 관객은 사실상 매 경기 관람 때마다 자발적으로 25센트를 체임벌린에게 "주는 것을 선택한" 것이 된다. 그렇다면 한 시즌에 100만 명의 관객이 체임벌린의 경기를 관람하고 그 결과 체임벌린이 1년에 25만 달러의 수입을 올리게 된다면, 이를 정의로운 상태로 볼 수 있는가? 즉 정형적 분배 상태에서 개인들이 체임벌린의 경기를 관람한 대가로 자발적으로 매 경기 입장권 가격에서 25센트를 체임벌린에게 양도한 결과 나타난 분배 상태를 정의로운 상태로 볼 수 있는가, 아니면 정형적 분배에서 이탈했기 때문에 불의로 봐야 하는가? '정의의 자격 이론'은 이를 정의로운 것으로 간주하지만, 공리주의나 롤스의 정의론은 특정한 기준에 따른 정형적 분배에서 이탈한 상태를 불의한 것으로 간주하고 정형적 분배 상태를 회복하기 위한 국가 간섭과 재분배를 요구한다.[19] "분배 정의에 관한 정형적 원칙들patterned principles은 필연적으로 **재분배 행위를 요구**"하지만, '정의의 자격 이론'의 관점에서 볼 때 이러한 재분배는 개인의 권리를 침해한다는 점에서 "정말로 심각한 문제"다.[20] 개인의 권리는 절대적이며 어떠한 명분으로도 제한하거나 침범해서는 안 된다.

정의의 조건

이처럼 노직의 정의론은 개인이 정당한 취득과 이전 과정을 통해 갖게 된 재산권을 절대적인 권리로 보고, 국가 또는 사회가 사회 전체의 공리 증진 또는 정의 실현이라는 명분으로 제한하거나 침범하는 것에 반대한다. 그러나 노직이 개인의 재산권을 무제한적으로 정당화하는 것은 아니며, 로크가 『통치론』에서 제시한 재산권의 한계에 대한 논의를 근거로 재산 취득이 일정한 범위 안에서 제한되어야 한다고 주장한다. 로크의 논의에 대해 살펴보자.

로크에 따르면, 인간 행위를 구속하는 '영원한 법eternal rule'인 자연법은 다음과 같이 재산권의 한계를 규정한다. 첫째, 주인 없는 도토리나 과일을 주워 모아 자신의 소유로 만들 수 있지만 상하기 전에 사용할 수 있을 만큼만 소유해야 한다.[21] 이보다 더 많은 양을 취하면 이는 "자신의 몫보다 더 많은 것을 취한 것으로 [다른 사람의 몫을] 빼앗은 것이 된다. 자신이 사용할 수 있는 것보다 더 많이 저장하는 것은 부정한dishonest 일일 뿐만 아니라 참으로 바보 같은 일이다."[22] 둘째, 토지에 대한 재산권도 마찬가지로 "한 인간이 개간하고, 파종하고, 개량하고, 재배하고, 그 산물을 사용할 수 있는 만큼의 토지가 그의 소유다. (……) 토지를 개량함으로써 그 일부를 수취하는 것은 다른 사람에게 아무런 피해가 되지 않는다. 왜냐하면 충분한 양의 좋은 토지가 여전히 남아 있고still enough and as good left, 아직 토지를 가지지 못한 자가 사용할 수 있는 것보다 더 많은 토지가 남아 있기 때문이다."[23] 그러나 다른 사람에게 좋은 토지를 충분히 남겨두지 않는다면, 또는 다른 사람의 권리를 침해하거나 피해가 될 정도로 재산권을 취득한다면 이는 잘못된 것이다.[24] 즉 개인의 재산권은 절대적이지만 자신이 유용하게 사용할 수 있는 범위 안에서, 그리고 다른 사람에게 충분한 양을 남겨 두는 범위 안에서만 인정될 수 있다.

노직은 이러한 로크의 재산권 논의의 핵심이 "다른 사람의 상황을 악화시키지 않는" 것이라고 주장하며,[25] 개인의 재산 취득 또한 다른 사람의 상황을 악화시키지 않는 범위 안에서 이루어져야 한다고 강조한다. 재산권을 취득한 과정이 정상적으로 이루어진 경우에도, "만약 다른 사람의 상황이 그 물건을 더 이상 자유롭게 사용할 수 없게 됨으로써 악화될 경우" 재산권 취득을 정당한 것으로 볼 수 없다. 이 경우 재산권 취득을 정당한 것으로 인정받기 위해서는 발생한 손해에 대해 적절한 보상을 제공해야 한다. "만약 그가 다른 사람에게 보상하지 않는다면 그의 사유화 appropriation는 취득에서의 정의의 원칙이라는 단서 조건을 위반한 것으로 부당한 것이 된다."

노직은 이러한 "로크의 단서 조건Lockean proviso"을 근거로 "어떤 사람이 생존에 필수적인 물품의 모든 공급을 사유화할 경우" '취득에서의 정의의 원칙'을 위반한 것으로 정당하다고 볼 수 없다고 주장한다. 예를 들어 사막에서 다른 사람보다 몇 마일mile 앞서 사막의 유일한 우물에 도착한 사람이 그 우물을 사유화한다면, 이러한 사유화는 정당화될 수 없다.[26] 여기서 더 나아가 노직은 로크의 단서 조건을 '이전에서의 정의의 원칙'에 적용하여, 어떤 사람이 세상의 마실 수 있는 모든 물을 구매하려 할 경우 이는 정당화될 수 없고, 설령 구매하더라도 자기 마음대로 물의 가격을 매길 수 없다고 주장한다.[27]

> 누구도 사막에 있는 유일한 우물을 사유화하여 그가 원하는 대로 가격을 매길 수 없다. 설령 그가 이 우물을 이미 소유하고 있거나, 또는 불행하게도 그의 우물을 제외한 사막의 모든 우물이 말라 버린 경우에도 자신이 원하는 대로 가격을 매길 수 없다. 이처럼 불행한 상황은 물론 그의 잘못은 아니지만, 로크의 단서 조건을 작동하게 함으로써 그의 재산권을 제한한다. 유사하게 부근〔해상에서〕 유일한 섬에 대한 재산권을 가진 사람이 난파선에서 조난되어 섬으로 〔표류해〕 온 선원들을 침입자라 규정하고 섬에서 나가라고 명령하는 것을 허용하지 않는다. 왜냐하면 이러한 행위는 로크의 단서 조건을 위반하기 때문이다.[28]

노직은 그러나 로크의 단서 조건이 작동하는 경우는 "오직 재난(사막과 섬의 상황)의 경우에만 발생한다"고 강조한다.[29] 일상적인 상황에서 로크의 단서 조건이 작동하는 경우는 많지 않으며, 일반적인 "시장 체계의 자유로운 운용은 로크의 단서 조건과 충돌하지 않는다." 예를 들어 다른 사람의 것을 박탈하지 않고 무엇인가 새로운 것을 창조하거나 발명할 경우, 그것이 독점으로 이어지더라도 로크의 단서 조건 위반으로 볼 수 없다. 쉽게 구할 수 있는 화학 물질로 "어떤 질병을 효과적으로 치료할 수 있는 새로운 물질을 합성해낸 약학자가 자신이 원하는 조건이 아니라면 이 물질을 팔지 않겠다고 할 경우, 다른 사람들이 이전에 사유화하고 있었던 것을 박탈한 게 아니기 때문에 다른 사람들의 상황을 악화시켰다고 볼 수 없다." 따라서 설령 약학자가 이 합성 물질을 전량 독점하더라도 로크의 단서 조건 위반이 아니다.[30] 다만 여기서 특허권을 획득한다면, 특허가 그 물건을 자신만의 독자적인 방식으로 발명하려는 사람에게 박탈의 효과를 가질 수 있기 때문에 특허의 유효 기간은 제한되어야 한다고 노직은 강조한다.[31]

|ılıl|

과정이 곧 정의다

노직의 '정의의 자격 이론'은 개인이 자신의 노동을 투입해 가치를 창출하고, 이렇게 창출한 가치를 자발적으로 교환, 증여, 양도, 유증한 결과로 나타나는 분배 구조는 그 자체로 공정하고 정의로운 것으로 본다. 즉 소유물 취득과 이전의 '역사적 과정'이 합법적으로 정당하게 이루어졌다면, 분배의 '최종 결과'가 사회 전체의 공리 증진에 유용하지 않거나 사회의 '최소 수혜자'에게 해가 되더라도 공정하고 정의롭다. 이처럼 재산 취득과 이전 과정의 정당성에 초점을 맞춘 노직의 정의론은 개인의 권리, 특히 개인의 재산권의 절대성과 불가침성을 강조하며 재분배의 필요성을 부정하고, 더 나아가 공동체의 가치를 부정한다. 노직에 따르면, 개인이 "희생을 감수할 만한 사회적 실체는 존재하지 않으며 (……) 각자가 자신의 삶을 영위하는 서로 다른 개인들만 존재할 뿐이다." 공동체를 위한 개인의 희생은 "어떠한 경우에도 정당화될 수 없으며 (……) 각자 독립적인 삶을 영위하는 서로 다른 개인들은 어느 누구도 다른 사람을 위해 희생될 수 없다."[32] 이러한 점에서 노직의 정의론은 개인주의적 관점을 극대화한 정의론으로 볼 수 있다.

노직의 정의론은 또한 '로크의 단서 조건'을 근거로 재산 축적의 한계를 설정하고 있지만, 이것이 작동하는 경우를 재난 상황에서의 독점적 사유화 같은 특수한 경우로 제한한다. 일상적인 상황에서 타인의 소유물을 빼앗거나, 박탈한 것이 아니라면, 개인의 재산 축적은 그 결과가 사회 전체의 공리 증진에 기여하지 못하고 사회의 최소 수혜자의 불평등을 가중시키더라도 무제한적으로 정당화된다. 이러한 점에서 노직의 정의론은 "탐욕스런 자본주의적 인간의 자기 정당화 이외에 아무런 의미가 없는 것으로" 볼 여지가 충분하다.[33]

한편 노직의 관점에서 볼 때 우리 사회에 나타나는 소득 격차는 재산 취득과 이전 과정에서 타인의 소유물을 강제로 빼앗

거나, 박탈하거나, 불법적으로 사취하거나, 수탈한 것이 아닌 이
상 도덕적으로 아무런 문제가 없는 공정한 것으로 볼 수 있다. 특
히 연예인, 대기업 고위 임원 등 자신의 '노동'을 통해 가치를 창출
하고 이렇게 창출한 가치의 대가로 높은 소득을 벌어들인 경우,
이 소득이 보통 사람의 평균 소득보다 결과적으로 수십 배에서
수백 배 이상 높다는 이유만으로 이들을 비난할 수 없다. 재산 취
득과 이전 과정에서 타인의 소유물을 강제로 빼앗거나, 박탈하거
나, 불법적으로 사취하거나, 수탈한 것이 아닌 이상, 아무리 많은
연봉을 받았어도 이는 공정하고 정의롭다. 더 나아가 우리 사회에
서 급격하게 증가하고 정규직과 비정규직, 전문직과 일반직, 남성
과 여성, 대졸과 고졸 사이의 소득 격차 또한 개인의 '자발적인 계
약'에 근거한 경우, 도덕적으로 문제될 것이 전혀 없으며, 공정하
고 정의로운 것으로 볼 수 있다. 중요한 것은 분배의 사회적 결과
가 아니라 재산 취득과 이전 과정이 정당한가 아닌가이기 때문이
다. 재산 취득과 이전 과정에서 타인의 소유물을 강제로 빼앗거
나, 박탈하거나, 불법적으로 사취하거나, 수탈하는 등의 부정이
없는 이상, 자본주의 사회에 나타나는 소득 격차는 자연스러운 것
으로서 그 자체로 공정하고 정의롭다.

3장

상속과 증여는 공정한가

"출발선이 같아야 공정하다"

드워킨

로널드 드워킨 Ronald Dworkin

로널드 드워킨은 도덕철학 관점에서 법실증주의legal positivism를 비판한 자유주의 법철학자로 잘 알려져 있다. 경쟁의 출발선상에서 '자원의 평등'을 강조하는 그의 정의론은 롤스의 정의론과 함께 '자유주의적 평등주의liberal egalitarianism'를 대표하는 정의론으로 평가받고 있다.

1931년	미국 로드아일랜드 출생
1953년	하버드대학 철학학사
1953~1954년	옥스퍼드대학 법학과 수학
1957년	하버드대학 법학전문대학원 법학박사
1957~1962년	판사 서기 및 로펌 설리번앤드크롬웰 변호사로 근무
1962~1969년	예일대학 법학전문대학원 교수
1969~1998년	옥스퍼드대학 법학과 교수
1975~1998년	뉴욕대학 법학전문대학원·철학과 교수
1998~2013년	런던대학 교수
2013년	81세 나이에 백혈병으로 사망

주요 저서: 『법과 권리Taking Rights Seriously』(1977), 『원칙의 문제A Matter of Principle』(1985), 『법의 제국Law's Empire』(1986), 『자유의 법Freedom's Law』(1996), 『최고의 덕목Sovereign Virtue』(2000), 『법복 입은 정의Justice in Robes』(2006), 『고슴도치를 위한 정의론Justice for Hedgehogs』(2011)

합법적 '엄빠 찬스'

몇 해 전부터 '엄빠 찬스'라는 말이 언론에 자주 회자되고 있다. 진학과 취업 등에서 부모의 도움을 받는 행태를 비꼬는 말로, 일부 특권층 부모들이 학연과 지연을 통해 불법·탈법적인 방식으로 자식의 취업을 청탁하거나 대학 입시에 활용할 스펙 만들기에 나선 사실이 알려지면서 우리 사회의 불공정을 상징하는 대표적인 표현 가운데 하나로 쓰이고 있다. 그러나 최근에는 이러한 불법·탈법적인 엄빠 찬스 외에 '합법적'으로 이루어지는 엄빠 찬스도 논란의 대상이 되고 있다. 특히 부동산 가격이 폭등하면서 돈에 여유가 있는 집에서는 나이 어린 자식들이 차용증을 쓰고 부모로부터 합법적으로 돈을 빌려 그 돈으로 아파트를 구입하는가 하면, 아파트를 여러 채 소유한 부모들은 한 채당 수억 원에 달하는 증여세를 납부하고 합법적으로 자식들에게 아파트를 물려주고 있다.

서울연구원이 2021년 10월 1일 발간한 《서울인포그래픽스》에 따르면, 서울에 거주하는 만 18~34세 676명을 대상으로 2020년에 실시한 설문조사에서 응답자의 73.9%가 "내 집 마련은 꼭 해야 한다"고 응답했으나, 실제 집을 소유하고 있는 비중은 4.5%에 불과했다. 또한 주거비용(자가, 전세, 보증금) 마련 방법과 관련하여 "전부 본인이 마련"이라고 응답한 비중이 26.1%, "본인이 대부분 마련하고 부모가 일부 도움"이라고 응답한 비중이 29.5%, "부모가 대부분 또는 전부 마련"이라고 응답한 비중이 44.4%에 달해, 전체 응답자의 70% 이상이 부모에게 주거비용 마련에 관한 도움을 받은 것으로 나타났다. 그리고 전체 응답자의 53.0%는 "부모님의 도움 없이 내 집 마련은 불가능하다"고 응답했다.

실제로 한국부동산원이 2021년 8월 8일 발표한 「아파트 매매 매입자연령대별 거래현황」에 따르면, 2021년 6월 서울 아파트 거래 4,240건 중 20대 이하의 매입 비중은 233건으로 전체 거래의 5.5%를 차지하고, 30대의 매수 비중도 35.2%에 달하고 있다. 물론 아파트를 구매한 20대와 30대의 다수는 그동안 저축한 소득과 '영끌(영혼까지 끌어모은)' 대출을 통해 본인이 직접 매수 자금을 마련한 것으로 보이지만, 상당수는 부모로부터 자금을 증여받거나 차용증을 쓰고 공증을 받은 뒤 매달 이자를 지급하는 방식으로 부모에게 돈을 빌려 합법적으로 매수 자금을 마련한 것으로 알려졌다. 특히 일부 20대와 30대는 현금 증여의 경우 5,000만 원까지 비과세되는 제도를 활용하여 부모에게 5,000만 원은 합법적으로 증여받고 나머지는 돈을 빌리는 방식으로 매수 자금을 마련했다.

한편 일부 다주택자 부모는 종합부동산세 등 보유세 부담이 커진 데다 양도세 중과 등으로 집을 파는 것도 어려워진 상황에서 합법적 증여를 통해 자식들에게 집과 재산을 물려주고 있다. 국세청이 2021년 6월 29일 공개한 「2021년 국세통계 2차 수시공개」 자료에 따르면, 2020년 한 해 동안 국세청에 신고된 증여세 건수는 21만 4,603건으로 전년(15만 1,399건) 대비 41.7%나 증가해 2010년 관련 통계 작성 이후 최고치를 기록했으며, 증여재산가액도 43조 6,134억 원으로 전년(28조 2,502억 원) 대비 54.4%가 증가해 사상 최대치를 기록했다. 이처럼 증여 규모가 급증하는 가운데 증여세를 납부하는 경우도 크게 증가하여 2020년 기준 과세미달을 제외한 증여 건수는 18만 3,499건, 재산가액은 31조 4,154억 원에 달했다. 이를 수증자 연령별로 보면 10세 미만 4,292건에 4,241억 원, 20세 미만 6,764건에 7,737억 원, 30세 미만 2만 2,980건에

증여세 신고 건수 및 재산 가액

■ 증여 건수(건)

—●— 증여재산가액(억 원)

	2016년	2017년	2018년	2019년	2020년
증여 건수	116,111	128,454	145,139	151,399	214,603
증여재산가액	182,082	233,444	274,114	282,502	436,134

출처: 국세청, 「2021년 국세통계 2차 수시공개」(대한민국 정책브리핑)

3조 6,953억 원, 40세 미만 3만 7,015건에 7조 2,777억 원이었다. 특히 아파트와 빌딩을 포함한 건물 증여의 경우 증여세를 납부한 증여 건수가 10세 미만 501건, 20세 미만 944건, 30세 미만 5,499건, 40세 미만 9,793건에, 금액으로는 각각 782억 원, 1,491억 원, 1조 1,668억 원, 2조 6,532억 원이었다. 다시 말해 2020년 한 해 동안 10대, 20대, 30대를 수증 대상으로 합법적으로 이루어진 증여의 경우 건수는 7만 1,051건, 금액은 12조 1,708억 원(1건 당 평균 약 1.7억 원), 아파트와 빌딩을 포함한 건물의 경우 건수는 1만 6,737건, 금액은 4조 473억 원(1건 당 평균 약 2.4억 원)에 달했다.

또한 부동산 가격이 폭등하면서 상속세를 납부하는 상속 규모도 큰 폭으로 확대되고 있다. 앞의 국세청 자료에 따르면,

상속세 신고 건수 및 재산 가액

출처: 국세청,「2021년 국세통계 2차 수시공개」(대한민국 정책브리핑)

2020년 한 해 동안 과세미달을 제외하고 국세청에 신고된 상속세 인원은 1만 1,521명, 재산가액은 27조 4,139억 원으로, 전년(9,555명, 21조 5380억 원) 대비 각각 20.6%, 27.3% 증가했다. 이를 재산가액 규모별로 살펴보면 10억 원 초과 20억 원 이하가 인원 5,126명(44.5%)에 재산가액 6조 6,369억 원(24.2%)으로 가장 큰 비중을 차지하고 있고, 다음으로 5억 원 초과 10억 원 이하가 인원 2,726명(23.7%)에 재산가액 1조 8,337억 원(6.7%), 20억 원 초과 30억 원 이하가 인원 1,735명(15.1%)에 재산가액 3조 7,415억 원(13.6%)을 차지하고 있다. 또한 상속 재산 규모가 100억 원을 초과하는 경우는 256명으로, 인원수로는 전체 피상속인의 2.2%에 불과하지만 재산가액은 8조 5,554억 원으로 전체 상속 재산의 31.2%를 차지하고 있다.

그렇다면 이처럼 증여세와 상속세를 납부하고 합법적으로 이루어진 증여와 상속은 불공정한가? 물론 증여와 상속 과정에 탈세와 불법이 있었다면 당연히 불공정하다.[1] 그러나 최대 50%에 달하는 증여세와 상속세를 성실히 납부하고,[2] 증여와 상속 과정이 합법적으로 이루어졌다면, 이 경우도 불공정하다고 이야기할 수 있는가? 2020년 10월 25일 작고한 삼성그룹 이건희 회장의 경우 상속 재산이 26조 원에 이르고 2021년 4월 30일 세무 당국에 신고한 상속세만 12조 원이 넘는 것으로 알려졌는데, 수조 원의 상속세를 납부하고 이재용 삼성전자 부회장, 이부진 호텔신라 사장, 이서현 삼성복지재단 이사장 등이 법에 정해진 절차에 따라 합법적으로 재산을 상속받을 경우(물론 이건희 회장의 재산 축적 과정을 문제 삼을 수 있고, 이재용 삼성전자 부회장의 그룹 경영권 승계 과정의 문제를 지적할 수 있겠지만) 이를 불공정하다고 이야기할 수 있는가?

더 나아가 증여와 상속 이외에 합법적인 범위 안에서 이루어지는 다양한 종류의 수많은 '엄빠 찬스'는 공정한가 불공정한가? 예를 들어 누구는 '금수저' 집안에서 태어나 어려서부터 엄마·아빠의 관심과 도움을 받아 자신의 능력과 잠재력을 마음껏 발휘할 수 있는 다양한 기회를 합법적으로 가질 수 있는 반면 누구는 '흙수저' 집안에서 태어나 부모에게 아무런 도움도 받지 못하고 모든 것을 혼자 해결해야 하는 상황은 공정한가 불공정한가? 또는 신체적·지적 능력이 우수한 부모에게 좋은 유전자를 물려받아 '우월한' 신체적·지적 능력과 재능을 타고난 사람과 그렇지 못한 사람 사이의 경쟁은 공정한가 불공정한가? 여기서는 자유주의적 평등주의자liberal egalitarian로 잘 알려진 드워킨의 정의론을 중심으로 부모에게 합법적으로 물려받은 재산과 가정 환경, 선천적으로 타고난 재능 등에 의해 발생하는 불평등의 공정성에 대해 알아보려 한다. 우선 평등에 관한 드워킨의 논의부터 살펴보자.

|ııı|

최고의 덕목은 평등한 배려다

드워킨에 따르면, 신자유주의가 유행하면서 평등에 대한 관심이 전 세계적으로 줄어들고 있지만 평등은 정치 공동체가 갖춰야 할 가장 중요한 "최고의 덕목sovereign virtue"이다.[3] 만약 "어떤 정부가 자신이 통치하고 충성을 요구하는 시민들 모두의 운명을 평등하게 배려하는 모습을 보여주지 못한다면 그 정부는 정당하지 못하다. 평등한 배려equal concern는 정치 공동체의 최고의 덕목"이며 국민을 평등하게 배려하지 못하는 정부는 "독재tyranny"일 뿐이다. 따라서 "한 국가 안에서 재산이 매우 불평등very unequally하게 분배되어 있을 때 국가의 평등한 배려는 의심받게 된다."[4] 즉 정부가 통치의 정당성을 증명하기 위해서는 무엇보다 "사람들을 평등하게 배려해야treating people with equal concern" 하며, 재산 분배 등에서 '지나친' 불평등을 막아야 한다.[5]

그렇다면 평등한 배려는 어떤 의미인가? 특히 경제 영역에서 물질적 자원과 재산 및 이들에 대한 권리를 분배할 때 평등한 배려의 의미는 무엇인가?[6] 재산 분배의 '지나친' 불평등을 막기 위해 모든 시민에게 재산을 동등하게 나눠주는 것이 평등한 배려인가? 이와 관련하여 드워킨은 모든 시민에게 동일한 몫의 재산을 똑같이 나눠주는 것은 평등한 배려가 아님을 분명히 한다. "구좌파old left"가 주장하듯이 "요람에서 무덤까지, 일을 하든 말든, 또는 어떤 일을 하든 상관없이 모든 시민이 동일한 재산을 갖도록" 재산을 재분배하는 것은 평등한 배려가 아니다.[7] "정부가 지속적으로 개미에게 걷어서 베짱이에게 나눠주는" "단조롭고 무분별한 평등은 단순히 약한 정치적 가치 또는 다른 가치들에 의해 쉽게 무시될 수 있는 가치가 아니라 아예 아무런 가치가 없는 것이다." 이러한 단순 평등을 "정치적 이상으로 진지하게 제안할 사람은 아무도 없다. 근면 성실하게 일한 사람이 생산한 물건을, 일을 할 수 있음에도 노는 것을 선택한 사람에게 보상으로 제공해야 한다고 주장할 사람은 아무도 없다."[8]

드워킨은 이러한 단순 평등 대신 그가 "자원의 평등equality of resources"이라고 부르는 "물질적 평등material equality"이 평등한 배려의 핵심이 되어야 한다고 주장한다.[9] 즉 정부가 소득과 재산의 재분배를 통해 평등을 추구할 것이 아니라 이러한 소득과 재산을 획득하는 데 수단으로 활용될 수 있는 자원을 평등하게 분배함으로써 평등을 추구해야 한다. 드워킨은 특히 자신이 주장하는 이러한 자원의 평등을 "사전적ex ante" 평등이라 부르면서, 최종 결과로 획득한 소득과 재산에서의 평등을 의미하는 "사후적ex post" 평등과 구분한다. 드워킨에 따르면, 사전적 평등에 초점을 맞춘 자원의 평등은 결과에서의 불평등, 즉 사후적 불평등을 용인한다. 다시 말해 시초에 자원이 평등하게 배분된 상황에서 시작해 누구는 일하는 것 자체를 좋아해서 큰 돈을 벌고 누구는 일하는 것을 싫어해서 돈을 못 버는 결과가 나오더라도, 또는 누구는 모험을 좋아하고 위험을 즐겨서 사업을 통해 큰 돈을 벌고 누구는 안전한 삶을 선호해서 적은 돈을 버는 결과가 나오더라도 이러한 결과에서의 불평등을 공정하고 정의로운 것으로 간주한다.[10] 물론 극단적 평등주의자들이 주장하는 것처럼 사전적 평등과 사후적 평등을 모두 충족시킬 수 있다면 더 좋겠지만, 드워킨은 현실적으로 사전적 평등과 사후적 평등을 모두 충족시키는 것은 불가능할 뿐만 아니라 규범적으로도 바람직하지 않다는 입장을 견지한다. 특히 사후적 평등을 실현하기 위해, 극단적인 예로 장애인과 비장애인 사이의 사후적 평등을 실현하기 위해 "건강한 사람을 불구"로 만드는 "하향 평준화leveling down" 방식에 강력히 반대하며 진정한 의미에서의 평등은 자원의 사후적 평등이 아니라 사전적 평등이라

는 점을 강조한다.[11]

　드워킨은 더 나아가 자원의 평등을 "복지의 평등equality of welfare"과 구분한다. 복지의 평등을 주장하는 사람들은 개인의 선호와 목적 및 소망이 충족되는 정도, 즐거움과 쾌락의 정도 등으로 측정되는 복지를 평등의 척도metric로 제시하며, 이러한 복지의 평등을 실현하는 사회가 진정으로 사람을 평등하게 배려하는 사회라고 주장한다. 따라서 육체적·정신적으로 심각한 장애가 있는 사람과 그렇지 않은 사람에게 자원을 배분할 때 장애인에게 더 많은 자원을 할당해야 한다. 장애인이 비장애인에 비해 평등한 복지를 실현하는 데 더 많은 자원을 필요로 하기 때문이다. 드워킨은 이러한 주장이 평등 담론으로서 "즉각적인 호소력"과 "즉각적인 매력"을 갖고 있다는 점을 인정하지만,[12] 복지 개념의 불명확성과 모호성, 주관성 등으로 인해 복지의 평등은 공동체의 바람직한 정치적 목표가 될 수 없다고 강조한다. 왜냐하면 복지 평등론은 기호tastes의 차이, 육체적·정신적 능력의 차이 등으로 인해 사람마다 주관적으로 느끼는 복지 수준이 다를 수 있다는 점을 무시하기 때문이다. 예를 들어 비싼 취미를 갖고 있는 사람과 그렇지 못한 사람의 복지 수준을 평등하게 실현하기 위해서는, 복지의 평등 관점에서라면 비싼 취미를 갖고 있는 사람에게 더 많은 자원을 할당해야 하는데, 이러한 결론은 설득력이 떨어진다.[13]

　이러한 이유로 드워킨은 복지의 평등이 아니라 복지를 실현하는 수단인 자원의 평등이 공동체의 정치적 목표가 되어야 한다고 주장한다. "우리가 만약 사람들을 진정으로 평등한 사람으로 대우하기를 원한다면(또는 그렇게 보이기를 원한다면) 우리는 그들의 삶이 그들에게 평등하게 바람직한 것이 될 수 있도록 만들거나 스스로 그렇게 만들 수 있도록 수단을 제공해야 한다. 단순히 은행 계좌의 잔고를 똑같이 만드는 것으로는 [충분하지] 않다."[14] 요컨대 드워킨은 정치 공동체의 '최고의 덕목'으로서 평등의 중요성, 특히 '평등한 배려'의 중요성을 강조한 후, 이를 실현하기 위한 구체적 방안으로 정부가 자원을 모든 시민에게 가능한 한 평등하게 분배해야 한다고 주장한다. 이러한 자원의 평등은 사전적 평등이라는 점에서 재분배를 통한 사후적 평등을 강조하는 '구좌파'의 평등과 다르며, 복지를 실현하는 수단인 자원의 평등을 추구한다는 점에서 복지의 평등과 구분된다. 드워킨이 주장하는 자원의 평등의 의미가 무엇인지, 어떻게 실현할 수 있는지 등에 대해 좀 더 자세히 살펴보자.

|ı.ı|
시초의 평등은 가능한가

드워킨은 정치 공동체의 '최고의 덕목'으로서 평등의 중요성을 강조한 후 정부가 무엇보다도 자원의 평등을 추구해야 한다고 주장한다. 그러나 자원의 종류가 다양한 상황에서 자원의 평등을 실현하기 위해서는 구체적으로 어떠한 자원의 평등인지 특정화가 필요하다.[15] 복지의 실현 수단으로서 자원은 "개인이 사적으로 소유한 자원"과 "공적으로 또는 공동으로 소유한 자원"으로 구분할 수 있다.[16] 그리고 개인이 사적으로 소유한 자원도 세분하면 개인이 소유한 재산과 권리 등을 포함하는 "비개인적 자원impersonal resources"과 개인의 특성으로 구분할 수 있으며, 개인의 특성은 다시 개인의 성격, 신념, 선호, 동기, 기호, 소망 등을 포함하는 인성personality과 육체적·정신적 능력, 건강, 힘, 재능을 포함하는 "개인적 자원personal resources"으로 구분할 수 있다. 이처럼 다양한 종류의 자원 가운데 개인이 사적으로 소유한 자원의 평등, 좀 더 구체적으로는 개인이 소유한 비개인적 자원과 개인적 자원의 평등이(현실적으로는 불평등의 완화가) 정치 공동체의 목표가 되어야 한다고 드워킨은 강조한다.[17] 그리고 이를 실현하는 방안으로 시장 원칙에 따라 작동하는 "평등한 최초의 경매equal initial auction"와 "가상적 보험 시장hypothetical insurance market"이라는 두 가지 가상 기제를 제안한다.

드워킨은 우선 평등한 최초의 경매를 설명하기 위해 배가 난파된 후 살아남은 선원들이 자원이 풍부한 무인도에 표류해 몇 년간 구조를 기다려야 하는 상황을 가정한다. 여기서 선원들은 자신들 가운데 그 누구도 무인도의 자원에 대한 선행적antecedently 권리를 갖고 있지 않으며, 무인도의 자원을 평등하게 분배해야 한다는 원칙을 받아들인다. 이들은 또한 드워킨이 "시기심 테스트envy test"라고 부르는 평등한 분배의 기준을 받아들인다. 즉 자원 배분이 이루어진 후 다른 사람이 소유한 자원 더미에 대해 서로 부러워하지 않는 상태가 되면 시기심 테스트를 통과한 것으로 보고 그러한 자원 배분을 평등한 분배로 간주하기로 한다.[18]

그렇다면 이러한 상황에서 어떻게 하면 자원을 평등하게 분배할 수 있을까? 모든 자원이 선원들의 수로 똑떨어지게 나눠질 수 있다면, 예를 들어 열 명의 선원이 살아남은 상황에서 해마다 똑같은 개수의 바나나가 열리는 바나나 나무가 열 그루 있다면 자원의 평등한 분배는 상대적으로 쉽게 이루어질 수 있다. 그러나 현실적으로 모든 자원을 선원들의 수에 맞춰 똑떨어지게 분배하는 것은 불가능하다. 젖소처럼 나눌 수 없는 자원도 있고, 나눌 수 있는 자원의 경우도 경작지처럼 어떤 부분은 다른 부분보다 더 좋거나, 한 가지 용도에서는 더 좋은 것이 다른 용도에서는 더 좋지 않을 수도 있다.[19] 앞서 언급한 바나나 나무도 어떤 나무는 더 맛있고 더 좋은 품질의 바나나를 생산하는 반면 어떤 나무는 맛도 없고 품질이 떨어지는 바나나를 생산할 수 있고, 또 어떤 나무는 좋은 곳에 위치해 다양한 용도로 활용할 수 있는 반면 어떤 나무는 외진 곳에 위치해 바나나를 수확하는 일 자체가 어려울 수 있다.

이러한 상황에서 자원을 평등하게 분배하는 가장 좋은 방법은 선원들에게 시장에서 계산 수단으로 사용할 수 있는 조개껍질을, 즉 동일한 몫의 화폐를 나눠주고 사용 가능한 모든 자원에 대해 경매를 실시하는 것이다. 모든 선원이 동일한 몫의 화폐를 분배받은 후 경매에 참여해 자신이 원하는 자원을 낙찰받는다면, 그리고 경매가 이루어진 후 시기심 테스트를 실시해 모든 선원이 자신이 낙찰받은 자원에 만족하고 다른 사람의 자원 더미를 부러워하지 않게 된다면 이는 선원들 사이에 자원이 평등하게 분배되었음을 의미한다. 그러나 시기심 테스트를 통과하지 못한다면 자원 배분이 평등하게 이루어지지 못했기 때문에 가격을 조정하고 입찰을 다시 실시해 시기심 테스트를 통과할 때까지 경매 과정을 반복한다. 그리고 최종적으로 시기심 테스트를 통과하는 경매 결과가 나오면 이 결과에 따른 분배는 평등한 자원 배분이 된다. 이러한 경매 결과는 선원들이 자원을 분배받기 위해 경매에 사용한 화폐의 양이 동일하다는 점에서, 즉 '기회비용'이 동일하다는 점에서 평등한 자원 배분이 이루어진 상태다. 드워킨은 이처럼 경매를 통해 모두가 만족할 수 있는 자원 배분이 이루어진 상태를 "시초의 평등initial equality" 상태로 규정한다.[20]

그러나 경매를 통해 달성한 시초의 평등 상태는 영속적으로 유지될 수 없다. 경매가 끝나고 시간이 지나며, 특히 생산과 거래가 시작되면서 개인의 능력과 재능, 선택과 운luck, 노력 등의 차이로 불가피하게 소득과 부의 불평등이 발생한다. 어떤 사람은 기술과 능력이 뛰어나지만 어떤 사람은 부족해서, 또 어떤 사람은 건강하지만 어떤 사람은 병이 생겨서 불평등이 발생할 수 있다. 또 어떤 사람은 일하는 것 자체를 좋아하지만 어떤 사람은 싫어해서 불평등이 발생할 수 있다. 이러한 수많은 이유 때문에 몇몇 사람들은, 예를 들어 5년 안에 자신의 자원 더미보다 다른 사람의 자원 더미를 더 선호하게 된다. 즉 시초의 평등이 깨지고 불평등이 발생한다.[21] 그렇다면 시초의 평등 상태에서 시간이 지나며 발생하는 이러한 불평등은 자원의 평등 원칙에 부합consistent하는가? 생산과 거래로 발생하는 모든 불평등이 불공정한가? 아니면 불평등의 원인에 따라 공정한 불평등과 불공정한 불평등으로 구분 가능한가?

|ı.ı|

불운은 선택할 수 없다

불평등의 가장 중요한 원인 가운데 하나는 개인의 선택이다. 시초의 평등 상태에서 개인이 어떠한 선택을 하느냐에 따라 시간이 지나며 불평등은 불가피하게 발생할 수밖에 없다. 드워킨에 따르면, 개인의 선택의 결과 발생하는 이러한 불평등은 자원의 평등 관점에서 용인할 수 있는 공정한 불평등이다. 그러나 세상

만사가 다 그렇듯이 모든 일이 우리가 선택한 대로 흘러가지는 않는다. 두 사람이 똑같은 작물을 선택해 최선을 다해 열심히 농사를 지었더라도, 어떤 사람은 농장에 벼락을 맞거나 홍수로 농사를 망칠 수도 있고 어떤 사람은 큰 성공을 거둘 수도 있다. 즉 개인이 통제할 수 없는 운이 누구에게는 성공을, 누구에게는 실패를 가져다줄 수 있다.

드워킨은 이처럼 개인이 통제할 수 없는 운이 불평등의 원인으로 작용할 수 있음을 인정하고 운을 크게 두 가지 종류로 구분한다. 하나는 "선택적 운option luck"으로 개인이 통제할 수는 없지만 개인의 선택에 뒤따르는 운이다. 주식 투자를 선택한 사람은 돈을 벌 수도 있고 잃을 수도 있다. 이는 운에 따르지만 기본적으로 주식 투자는 본인이 선택한 것이다. 따라서 여기서 작동하는 운은 본인의 선택에 뒤따르는 운, 즉 '선택적 운'이다. 다른 하나는 "비선택적 운brute luck"으로 개인이 선택할 수도 없고 회피할 수도 없는 운이다. 길을 가다 하늘에서 떨어진 운석에 맞는다든가 갑자기 사고로 실명하게 되는 경우가 이러한 '비선택적 운', 좀 더 정확한 표현으로는 "비선택적 불운brute bad luck"이다.[22]

드워킨은 '선택적 운'에 의해 발생한 불평등은 공정한 불평등으로(자원의 평등에 부합하는 불평등으로) 개인이 책임져야 하지만, '비선택적 운'에 의해 발생한 불평등은 사회가 일정 정도 보상을 제공해야 한다고 주장한다.[23] 주식 투자로 손해를 본 사람에게 사회

가 보상을 제공할 필요는 없지만, 갑자기 사고로 시력을 잃고 시
각 장애인이 된 사람에게는 사회가 적절한 보상을 제공해야 한다.
이러한 사고는 개인의 선택과 아무런 관련이 없는 '비선택적 불
운'에 의해 발생했기 때문이다. 이뿐만 아니라 선천적으로 장애나
불치병을 갖고 태어나거나 선천적으로 타고난 재능과 기술로 인
한 불평등에 대해서도, 물론 이러한 불평등이 전적으로 비선택적
운에 의해 발생한 것은 아니지만, 최소한 부분적으로 비선택적 운
이 원인으로 작용했다는 점에서 사회가 적절한 보상을 제공해야
한다. 선천적으로 장애를 갖고 태어나거나 선천적으로 재능과 기
술이 부족한 사람의 입장에서 볼 때 이러한 불평등은 자신의 선택
과 상관없는 자의적 불평등으로 부당하고 불공정한 불평등이기
때문이다. 이러한 불평등은 평등한 분배와 불평등한 분배를 구분
하는 '시기심 테스트'를 통과할 수 없다.[24]

　　드워킨은 여기서 더 나아가 증여와 유증을 통한 상속 또한
비선택적 운으로 설명한다. "자신의 육체적 능력이 운의 문제인
것과 마찬가지로 부모 또는 친척의 상황과 재산properties 또한 운의
문제"다. 특히 "상대적으로 가난한 가정 또는 이기적이거나 낭비
벽이 심한 가정에서 태어나는 것"은 당사자가 선택할 수 없는 문
제라는 점에서 비선택적 불운이다. 이처럼 부모의 상황과 재산을
비선택적 운으로 볼 수 있다면 상속에 의해 발생하는 불평등 또
한 장애와 질병, 타고난 재능과 기술의 차이 때문에 발생한 불평

등과 마찬가지로 사회적 보상이 필요한 불공정한 불평등이다. "어떤 사람이 자신의 선택이나 모험gamble 때문이 아니라 비선택적 불운 때문에 다른 사람보다 재산이 더 적은 상태에서 삶을 영위하거나 덜 호의적인 상황에서 삶을 영위하는 것은 정의롭지 못하다."[25] 그렇다면 비선택적 운에 의해 발생한 불평등을 완화하기 위해 사회는 어떠한 방식으로 얼마만큼의 보상을 제공해야 하는가?

|ı,ı|

분배가 아닌 보상

드워킨은 보상 방식과 관련하여 "개미에게 걷어서 베짱이한테 나눠주는" 재분배에 반대하며 대안으로 "가상적 보험 시장"을 제시한다. 보험은 기본적으로 사고나 재해 등 위험 확률을 통계적으로 계산해 일정한 보험료를 책정하고 보험에 가입한 가입자에게 기금을 모아 그러한 사고나 재해가 실제 발생할 경우 보험금을 지급함으로써 적절한 수준의 경제적 안정을 보장하는 제도다. 드워킨은 이러한 보험 개념을 도입하면 사회가 비선택적 불운에 의해 발생하는 불평등을 완전히 제거할 수는 없지만 어느 정도 완화할 수 있고, 얼마만큼의 보상을 제공해야 하는가에 대해서도 시장에서 결정되는 보험금 수준을 추정하여 적절한 보상을 제공할 수 있다고 주장하며 다음과 같은 가상적 사례를 들어 설명한다.

　　　시초의 평등 상태, 즉 최초의 경매를 통해 모든 사람에게 자원이 평등하게 배분된 상태에서 건강한 두 눈을 가진 두 사람이 사고로 시력을 잃고 시각 장애인이 될 확률이 동일한 상황을 가정해보자. 이들은 나중에 사고로 시각 장애인이 될 위험에 대비해 어떤 수준의 보장 범위도 가능한 보험에 가입할 수 있다. 이처럼 각자의 판단에 따라 보험 가입이 가능한 상황에서, 한 사람은 자신이 최초에 분배받은 자원의 일부를 보험에 가입하는 데 사용하고 다른 사람은 가입하지 않고 다른 곳에 사용하기로 선택했다면, 이러한 선택은 나중에 두 사람이 사고로 실제 시력을 잃게 되는 상황이 발생했을 때 전혀 다른 결과로 이어질 수밖에 없다. 이러한 선택의 결과 발생하는 불평등, 즉 두 사람 모두 '비선택적 불운'으로 인해 시력을 잃게 되었지만 한 사람은 보험에 가입하고 다른 사람은 보험에 가입하지 않아 발생하는 불평등은 단순히 '비선택적 불운'에 의해 발생한 불평등이 아니라 당사자의 선택에 의해 발생한 불평등으로 봐야 한다. 마찬가지로 두 사람 가운데 아무도 사고를 당하지 않아 불평등이 발생하게 된다면, 즉 한 사람은 보험 가입에 자원을 사용하고 다른 사람은 보험에 가입하지 않고 이 자원을 다른 곳에 사용함으로써 발생하는 불평등 또한 당사자의 선택의 결과로 봐야 한다. 따라서 선택에 의해 발생한 불평등은 개인이 책임을 져야 하고 '비선택적 불운'에 의해 발생한 불평등에 대해서만 사회가 보상을 제공해야 한다는 원칙을 이 사례에 적용할 경우, 예측할 수 없는 사고로 시력을 잃었다는 이 유만으로 사회가 보험에 가입하지 않기로 선택한 사람에게 자원을 재분배하거나 보상금을 제공할 필요는 없다. 보험에 가입하지 않기로 선택한 사람이 처한 불평등은 "보험에 가입하거나 가입하지 않을 동등한 기회를 배경으로 한 선택적 운의 차이"에 의해 발생한 불평등이기 때문이다.[26]

드워킨은 이러한 보험을 통해서 사회가 예측할 수 없는 '비선택적 불운'에 의해 발생한 불평등을 완전히 제거할 수는 없지만, 어느 정도 완화할 수 있다고 주장한다. 물론 보험이 현실에서 완벽하게 작동할 수 없다는 점은 인정한다. 어떤 사람은 선천적으로 장애를 갖고 태어나서, 또는 보험에 가입할 충분한 경제적 여력과 정보를 얻기 전에 장애가 발생해서 보험 가입이 거부될 수 있다. 또한 유전적 경로에 따라 장애 발생 가능성이 다르기 때문에 능력 있는 몇몇 보험사들은 일부 사람들에게 동일한 보장 범위에 대해 더 높은 보험료를 요구할 수도 있다. 이러한 문제에도 불구하고 보험 시장의 개념은 현실 세계에서 자원의 평등이 장애 문제를 어떻게 다루어야 하는지에 대해 일종의 "반사실적 지침 counterfactual guide"을 제공한다.[27] 보험사가 위험 확률을 계산하여 보험료를 책정하고 가입자에게 기금을 모아 나중에 실제로 사고를 당한 가입자에게 보험금을 지급하는 것과 마찬가지로, 정부 또한

'가상적 보험 시장'을 설립해 세금 또는 다른 강제적인 방식을 통해 기금을 모아 장애를 갖게 된 사람에게 모든 사람이 장애에 대비한 보험을 구입했다고 가정하고 예상되는 보장 수준에서 보상을 제공할 경우, 장애로 인한 불평등을 완전히 제거할 수는 없지만 장애 때문에 발생하는 불공정성의 한 측면은 시정할 수 있다.[28]

　　드워킨은 더 나아가 선천적 재능의 차이와 기술의 차이로 인해 발생하는 소득 불평등에 대해서도 유사한 방식으로 어느 정도 완화가 가능하다고 주장한다. 예를 들어 공동체 구성원들이 재능과 기술 부족으로 인해 소득이 다른 사람보다 낮아질 경우에 대비할 수 있도록 정부가 일종의 '가상적 보험 시장'을 설립하고, 세금 또는 다른 강제적인 방식으로 기금을 모아 실제로 소득이 일정 수준 이하로 떨어질 경우 보상금을 제공한다면 불평등을 어느 정도 완화할 수 있다.[29] 마찬가지로 상속이나 증여의 경우도 상속세 또는 증여세 등으로 기금을 모아 '상속 운' 또는 '증여 운'이 나쁜 사람들에게 적절한 보상을 제공한다면 불평등을 완화할 수 있다. 다만 이 경우 정부가 상속세와 증여세 등으로 모은 기금을 '운'이 나쁜 사람들에게 직접적으로 재분배해서는 안 되며 "공교육 향상, 전문가를 지망하는 학생들을 위한 교육과 기술훈련 융자금, 세금 징수 후에도 잔존하는 경제적 계층화의 충격을 완화할 프로그램을 위한 목적으로" 사용해야 한다.[30]

|ı.ı|
타고난 선택은 없다

드워킨의 '자원의 평등 이론'은 정부가 통치의 정당성을 증명하기 위해 무엇보다도 국민을 평등하게 배려해야 함을 강조한다. 특히 경제 영역에서 물질적 자원과 재산 및 이들에 대한 권리를 분배할 때 정부가 자원의 평등을 추구해야 하며, 드워킨은 그 실현 방안으로 '평등한 최초의 경매'와 '가상적 보험 시장'이라는 두 가지 가상 기제를 제시한다. 그렇다면 드워킨의 정의론은 롤스, 노직의 정의론과 어떻게 다른가?

롤스는 소득과 부의 불평등을 완화하기 위해 사회의 '최소 수혜자'에게 혜택을 주는 차등적 재분배의 필요성을 강조한다. 그러나 사회의 최소 수혜자가 어떠한 과정을 거쳐 최소 수혜자가 되었는지는 문제 삼지 않는다. 과정에 상관없이 결과에서 사회의 최소 수혜자로 판명된 사람들에게 소득과 부를 재분배하는 것이 정의이기 때문이다. 반면 드워킨은 사회의 최소 수혜자가 어떠한 과정을 거쳐 최소 수혜자가 되었는지 과정에 주목해 본인의 선택의 결과 최소 수혜자가 되었을 경우 혜택을 주는 것에 반대한다. 어떤 사람이 본인이 선택한 주식 투자가 실패해서 사회의 최소 수혜자가 되었다면, 그리고 이러한 실패에 대비할 수 있는 보험 가입의 기회가 있었음에도 가입하지 않아 최소 수혜자가 되었다면,

이에 대한 책임은 당사자가 져야 한다. 그러나 본인의 선택이 아니라 본인이 선택할 수 없었던 '비선택적 불운'의 결과로 최소 수혜자가 되었다면, 이 경우에는 정부가 '가상적 보험 시장'을 설립해 세금 등으로 기금을 모아 불운에 대해 적절한 보상을 제공해야 한다.

　　이처럼 드워킨의 정의론은 선택의 중요성을 강조한다는 점에서 '선택에 민감한choice-sensitive' 정의론으로 평가받으며, 과정을 중시한다는 점에서 노직의 정의론과 유사하지만 경쟁을 시작하는 출발선상에서 자원의 평등을 강조한다는 점에서 노직의 정의론과 구별된다. 예를 들어 상속과 증여 문제를 비롯한 '엄빠 찬스'의 공정성과 관련하여 노직은 개인의 권리의 절대성과 불가침성을 강조하며 정부의 '부당한' 개입에 반대한다. 노직에 따르면, 정부 개입이 허용되는 경우는 재산 취득과 이전 과정에 부정injustice이 발생하여 결과를 왜곡했을 경우에 한한다. 만약 정부가 '부당하게' 개입해 세금을 부과한다면, 이는 개인들에게 강제 노동을 시키고 재산을 빼앗는 것이나 다름없다. 따라서 부모와 자식 간에 자발적으로 이루어지는 모든 지원과 '엄빠 찬스'는 타인의 소유물을 강제로 빼앗거나, 박탈하거나, 불법적으로 사취하거나, 수탈하지 않은 이상, 결과에 상관없이 그 자체로 공정하고 정의롭다.

　　반면 드워킨은 자원의 평등, 특히 '사전적' 자원의 평등을 강조하며 모든 개인이 출발선상에서 자원을 평등하게 분배받고 경쟁을 시작해야 한다고 주장한다.[31] 앞서 예로 든, 난파한 선원들이 무인도에 도착한 시초에서 "만약 이주자들이 무인도의 해변에 도착했을 때 주머니 속에 갖고 있었던 돈의 양이 달랐고, 이 돈을 [최초] 경매에서 자유롭게 사용할 수 있었다면 (……) 무인도 경매는 시기심 [테스트]를 통과하지 못했을 뿐만 아니라 자원을 평등하게 분배하기 위한 해결책으로서 어떠한 호소력도 가질 수 없었을 것이다." 자원의 평등에서 가장 중요한sovereign 점은 "사람들이 평등한 조건에서 시장에 들어온다"는 사실이다.[32] 따라서 드워킨의 관점에서 보면 상속과 증여뿐만 아니라 이른바 '엄빠 찬스'로 불리는 집안의 사회경제적 배경에 따른 차이와 부모에게 물려받은 선천적으로 타고난 신체적·지적 능력의 차이 등도 출발선상에서의 자원의 평등을 해치는 것으로 모두 부당하고 불공정하다. 정부는 이를 해결하기 위해 '가상적 보험 시장'을 설립하여 세금 등으로 기금을 모아 '출발 운'이 나쁜 사람들에게 적절한 사회적 보상을 제공해야 한다. 이러한 보상은 본인이 선택하지 않은 '비선택적 불운'에 대한 보상이라는 점에서 무조건적으로 "개미에게 걷어서 베짱이한테 나눠주는" 재분배와는 다르다.

4장

수능 시험은
공정한가

"역량도 평등해야 공정하다"
센

아마르티아 센 Amartya Sen

아마르티아 센은 1998년 아시아인 최초로 노벨경제학상을 수상한 인도 출신의 경제학자로, 불평등과 빈곤 연구의 새 지평을 연 학자로 평가받고 있다. 연구 분야는 정의론뿐 아니라 후생경제학과 사회적 선택이론, 철학, 발전경제학, 공중보건학 등 광범위한 분야를 포괄하며, 센이 빈곤을 측정하기 위해 개발한 '센 빈곤 지수the Sen Index of Poverty'는 국가 간 빈곤 수준과 소득분포 등을 비교하는 지수로 널리 활용되고 있다.

1933년	인도 벵골 출생
1953년	캘커타대학 경제학학사
1955년	케임브리지대학 경제학학사
1959년	케임브리지대학 경제학박사
1963~2004년	델리대학·런던정경대학·옥스퍼드대학·하버드대학·케임브리지대학 교수
2004~현재	하버드대학 경제학과 교수

주요 저서: 『경제적 불평등에 관하여On Economic Inequality』(1973), 『빈곤과 기근Poverty and Famines』(1982), 『윤리학과 경제학On Ethics and Economics』(1987), 『불평등의 재검토Inequality Reexamined』(1992), 『자유로서의 발전Development as Freedom』(1999), 『합리성과 자유Rationality and Freedom』(2002), 『정의의 아이디어The Idea of Justice』(2009)

깜깜이 전형, 금수저 전형

참여정부 마지막 해인 2007년, 고교교육 정상화를 목표로 입학사정관제가 도입되었다. 이후 박근혜 정부 때 입학사정관제라는 명칭이 '학생부종합전형'으로 변경되었고, 내신 성적 위주로 학생을 선발하는 학생부교과전형이 추가되었다. 도입 초기만 하더라도 선발 비중이 크지 않아 별다른 주목을 끌지 못했으나, 이명박 정부와 박근혜 정부를 거치며 선발 비중이 점차 늘어나 문재인 정부 들어 대학 입시의 '대세'가 되었다. 실제로 서울대, 연세대, 고려대 등 서울 지역 주요 15개 대학 입시에서 학생부종합전형은 2020학년도 43.7%, 2021학년도 44.0%로 학생부교과전형, 논술위주전형, 수능위주전형 등 다른 전형에 비해 가장 큰 비중을 차지하고 있다. 이처럼 학생부종합전형 비중이 증가하면서 평가의 신뢰성, 객관성, 투명성, 공정성을 둘러싼 논란 또한 커지고 있다.

2017년 국민의당 송기석 의원실이 6월 19일부터 21일까지 전국의 만 19세 이상 69세 이하 성인남녀 1,022명을 대상으로 실시한 여론조사 결과에 따르면, 응답자의 77.6%가 학생부종합전형을 "학생과 학부모들이 합격·불합격 기준과 이유를 정확히 알 수 없는 일명 '깜깜이 전형'으로", 75.1%는 "상류계층에게 더 유리한 전형으로", 그리고 74.8%는 "부모와 학교, 담임, 입학사정관에 따라 결과가 달라지는 '불공정한 전형'으로" 인식하고 있는 것으로 나타났다.

실제로 일부 학교에서는 '비교과 활동 부풀리기', '스펙 품앗이', 학내 경시대회 '상장 몰아주기'와 '상장 남발' 같은 '불공정' 행위뿐 아니라 학생생활기록부 조작 및 무단 정정 같은 불법·탈법 행위까지 이루어진 것으로 알려졌다. 또한 대부분의 대학에서 내신 성적은 물론 학생생활기록부에 기재된 체험활동, 봉사활동, 동아리활동, 독서활동 등의 비교과 활동에 대해 정량화된 숫자로 점수를 매기기보다 종합적으로 정성 평가를 실시하다 보니 평가의 객관성이 부족한 '깜깜이 전형'이라는 비판이 제기되었으며,

2017~2020년 보도된 '학생부종합전형' 관련 기사들

◦「학생부 고치고 상장 남발하고 … 끊이지 않는 '학종 공정성' 논란」《조
선에듀》, 2017년 10월 12일

◦「'쌍둥이 딸 1등' 숙명여고 압수수색 … '학종 불신' 사태로 번지나」《경
향신문》, 2018년 9월 5일

◦「"숙명여고뿐이겠냐" … 고교내신 대입수시 신뢰도 논란 재점화」《연
합뉴스》, 2018년 11월 12일

◦「"학종 못 믿겠다, 전수조사 하라" 부글부글」《동아일보》, 2018년 11월 16일

◦「서울 15개 대학 2021학년도 학종 선발 비율 44% … 공정성 논란에
도 여전히 '대세'」《중앙일보》, 2019년 4월 30일

◦「1년 만에 땜질 대입개편 … 학종 공정성의 3가지 치명적 의문」《국민
일보》, 2019년 9월 9일

◦「결석해도 OK? … 서울 고교 7곳 '봉사활동 부풀리기' 무더기 적발」
《뉴스1》, 2020년 8월 7일

비교과 활동에서 이른바 좋은 '스펙'을 만들기 위해서는 부모의
사회경제적 지위가 뒷받침되어야 한다는 인식이 널리 퍼지면서
학생부 전형을 '금수저 전형'으로 간주하는 여론이 높아졌다.

이처럼 학생부종합전형의 신뢰성과 공정성에 대한 문제

제기가 계속되면서 수능위주전형 확대를 요구하는 목소리가 높아졌다. 2019년 《문화일보》가 한국사회학회와 함께 10월 25일부터 27일까지 전국의 만 19세 이상 성인남녀 1,000명을 대상으로 실시한 여론조사 결과에 따르면, "대학 입시 중 어느 것이 더 공정한가"를 묻는 질문에 응답자의 66.5%가 "수능위주전형(정시)"이라고 응답한 반면 "학생부위주전형(수시)"이라는 응답은 17.7%에 불과한 것으로 나타났다. 이러한 여론에 따라 문재인 대통령은 2019년 10월 25일 열린 '교육개혁 관계장관회의'에서 다음과 같이 학생부종합전형의 문제점을 지적하며 정시 확대의 필요성을 언급했다.

> 학생부종합전형 위주의 수시 전형은 공정성이라는 면에서 사회적 신뢰를 얻지 못하고 있습니다. (……) 입시 당사자인 학생의 역량과 노력보다는 부모의 배경과 능력, 출신 고등학교 같은 외부 요인이 입시 결과에 결정적 영향을 미치고 과정마저 투명하지 않아 깜깜이 전형으로 불릴 정도입니다. (……) 위법이 아니더라도 더 이상 특권과 불공정은 용납해선 안 된다는 국민의 뜻을 존중해야 할 것입니다. (……) 정시가 능사는 아닌 줄은 알지만 그래도 지금으로서는 차라리 정시가 수시보다 공정하다라는 입시 당사자들과 학부모들 목소리에 귀를 기울여야 합니다.

이후 2019년 11월 28일 교육부는 학생부종합전형의 투명성·공정성 강화와 정시 확대를 내용으로 하는 '대입제도 공정성 강화 방안'을 발표했다. 이에 따르면, 부모의 사회경제적 배경과 사교육의 영향을 차단하기 위해 정규 교육과정 외에 모든 비교과 활동과 자기소개서 제출을 폐지했고, 고등학교 유형에 따른 '후광효과'를 차단하기 위해 '고교 프로파일'을 폐지했다. 그리고 학생부종합전형과 논술위주전형으로 쏠림이 있었던 서울 소재 16개 대학에 2023학년도부터 수능위주전형으로 40% 이상 선발하도록 사실상 '강제'했다. 이러한 교육부 방침은 수능위주전형 확대를 요구하는 국민 여론과 대통령의 요청을 수용한 것으로, 학생생활기록부와 내신을 종합적으로 평가하는 학생부종합전형보다 수능 시험이 더 공정하다는 인식을 바탕에 두고 있다. 한국교육과정평가원에서 매년 발표하는 '대학수학능력시험 시행기본계획'은 수능 시험의 성격 및 목적과 관련하여 "대학수학능력시험은 대학교육에 필요한 수학 능력을 측정하고, 고등학교 교육과정의 내용과 수준에 맞추어 출제하여 고등학교 교육의 정상화에 기여하며, 개별 교과의 특성을 바탕으로 신뢰도와 타당도를 갖춘 시험으로서 공정성과 객관성이 높은 대입 전형자료를 제공하는 데 목적이 있다"고 밝히며 수능 시험이 "신뢰도와 타당도를 갖춘 시험으로서" "공정성과 객관성"이 높다는 점을 강조한다.

그렇다면 수능 시험은 정말 공정한가? 공정하다면 근거는 무엇인가? 일반적으로는 수능 시험이 학생부종합전형보다 더 공정한 것으로 평가받고 있다. 모든 학생에게 응시 기회와 과목 선택 기회를 포함한 경쟁의 기회를 동등하게 부여하고, 주관적 평가 요소의 개입 없이 동일한 과목을 선택한 학생들에게 동일한 시간 안에 동일한 문제를 풀도록 경쟁시키고, 문제 풀이 경쟁에서 조금이라도 더 높은 점수를 받은 학생을 선발한다는 점에서, 기회 균등과 평가의 객관성 측면에서 공정해 보이기 때문이다. 그러나 모든 학생에게 경쟁 기회를 균등하게 보장하고 평가의 객관성을 보장한다는 것이 공정성을 담보할 수 있는가? 학생마다 선택하는 교과목이 다르고 어떤 과목을 선택했느냐에 따라 당락에 직접적인 영향을 미치는 표준점수, 백분위 점수, 과목별 가산점 등의 유불리가 달라지는 상황에서 모든 학생에게 시험 응시 기회, 과목 선택 기회 등 경쟁의 기회를 동등하게 부여했다는 이유만으로, 즉 '형식적 기회 균등'을 보장했다는 이유만으로 공정성을 담보할 수 있는가? 형식적 기회 균등은 공정성을 보장하는 충분조건인가? 여기서는 형식적 기회 균등만으로는 공정성을 담보할 수 없으며 정의의 실현을 위해서는 '역량의 평등equality of capability'과 사회 전체적으로 실질적 자유의 증진이 중요하다고 강조하는 센의 정의론의 입장에서 이 문제에 대해 알아보려 한다. 우선 "무엇의 평등인가equality of what?"라는 질문이 정의론의 출발점이 되어야 한다고 강조하는 센의 주장부터 살펴보자.

||,||
무엇의 평등인가

센에 따르면, 공정과 정의 문제를 논하는 모든 규범적 이론은 "**무엇**의 평등equality of *something*"을 요구한다. 롤스의 정의론은 "기본 재화의 평등"을 요구하며, 드워킨의 정의론은 "자원의 평등"을 요구한다.[1] 노직의 정의론처럼 겉보기에 '평등 옹호론'을 비판하는 것처럼 보이는 이론 또한 "자유지상주의적 권리"에서 평등을 요구하며,[2] 분배 결과에 상관없이 효용 총합의 극대화를 선善으로 간주하는 공리주의마저도 "모든 사람의 효용에 동등한 가중치를 부여하는 방식"으로 평등을 전제한다.[3] 요컨대 모든 규범적 이론은 각 이론의 중요하지 않은 주변부 공간에서는 불평등을 허용하지만, 중심적 역할을 수행하는 특정 변수variable 또는 특정 공간space에서는 평등을 추구한다.[4] 따라서 이러한 이론들을 단순히 "평등주의egalitarian"라는 이름으로 묶는 것은 의미가 없으며, 각각의 이론의 특징을 설명하기 위해서는 "무엇의 평등"을 추구하는지 살펴봐야 한다고 센은 주장한다.[5]

그렇다면 규범적 이론과 정의론이 무엇의 평등을 요구하는 이유는 무엇인가? 가장 중요한 원인은 평등을 요구하지 않을 경우 이론이 자의적·편향적인 것으로 비춰질 수 있고, 보편적 정당화가 힘들어지기 때문이다.[6] 각각의 이론이 특정 변수 또는 특정 공간에서 불평등을 허용하거나 옹호할 수 있지만, 궁극적으로는 이러한 불평등이 어느 수준에선가 모든 사람에 대한 "평등한 배려"로 이어져야만 설득력을 가질 수 있다. 규범적 이론이 제기하는 "윤리적·정치적 제안들이 지속적 지지를 받고 합리적으로 옹호되기 위해서는 [어느 수준에선가] 공평성impartiality과 평등한 배려equal concern"가 필수적이다. 특히 이론에서 중요하지 않은 "주변부" 공간에서는 불평등을 허용하고 옹호할 수 있지만, 이론의 보편적 정당화를 위해서는 이론의 핵심이 되는 "기본" 공간에서 평등에 대한 요구가 불가피하다.[7]

이처럼 보편적 정당화를 위해 평등에 대한 요구가 불가피한 상황에서 각각의 정의론은 소득, 재산, 성취, 생활 수준, 효용, 권리, 기회, 자원, 자유, 역량 등 인간의 사회적 지위에 영향을 미치는 다양한 변수 가운데 각 이론이 중요하다고 생각하는 변수를 선택하고 이것의 평등을 요구한다. 센은 이러한 선택의 근원적 배경에는 인간의 다양성이 자리 잡고 있다고 주장한다.[8]

> 인간은 여러 가지 방식에서 서로 다르다. 우리는 겉으로 드러나는 특성도 다르고 처한 외부 상황도 다르고 서로 다른 부와 부채를 물려받고 인생을 시작한다. 우리는 또한 서로 다른 자연환경 속에 살아가고 있으며, 어떤 사람은 더욱 열악한 상황 속에 살아간다. 우리가 소속되어 있는 사회와 공동체는 우리가 할 수 있거나

할 수 없는 것에 대해 서로 다른 기회를 제공하고 있으며, 우리가 거주하는 지역의 전염병은 우리의 건강과 복지에 심각한 영향을 끼친다. 우리는 이처럼 자연환경과 사회환경 그리고 외적 특성에서의 차이뿐 아니라 개인별 특성(예를 들어 연령, 성별, 신체적 능력과 정신적 능력)에서도 서로 다르다.[9]

이처럼 인간이 여러 측면에서 서로 다른 상황에서 어느 한 공간에서의 평등은 다른 공간에서의 불평등과 함께 존재할 수밖에 없다. "모든 사람이 완전히 똑같다면 어느 한 공간(예를 들어 소득)에서의 평등이 다른 공간(예를 들어 건강, 복지, 행복)에서의 평등과 일치"하겠지만, 인간의 다양성으로 인해 "어느 한 공간에서의 평등이 다른 공간에서의 불평등과 사실상 함께 갈 수밖에 없다." 장애인과 비장애인의 사례에서처럼 "소득이 똑같더라도 자신이 가치 있다고 생각하는 일을 실행할 수 있는 능력에서 불평등"할 수 있으며, 임산부의 경우 동일한 연령대의 남성과 소득과 재산 등 기본 재화에서 평등하더라도 이러한 소득과 기본 재화를 자신이 원하는 기능으로 전환할 수 있는 능력이 다르기 때문에 결과로 나타나는 전반적인 복지 수준에서 남성에 비해 불평등할 수 있다.[10] 더 나아가 일반적인 수준에서 기회의 평등이 소득의 극심한 불평등으로 귀결될 수 있으며, 소득의 평등이 재산의 불평등으로 귀결될 수 있다. 재산의 평등이 행복의 불평등과 함께할 수 있으며, 행복의 평등이 필요 충족 정도에서 불평등과 함께할 수 있다. 또한 형식적 기회의 평등이 실질적 기회의 불평등과 함께할 수 있다.[11] 즉 인간의 다양성으로 인해 기본 재화의 평등이 전반적인 복지 수준, 만족감, 효용 등에서의 불평등으로 귀결될 수 있으며, 기회의 평등이 결과의 불평등으로 귀결될 수 있다. 노직의 정의론이 강조하듯이, 모든 사람에게 자유의 권리와 기회를 평등하게 분배한다고 해서 이러한 평등이 소득과 부의 평등으로 귀결되는 것은 아니며 오히려 불평등이 불가피하다. 또한 소득과 부를 평등하게 분배한다고 해서 이러한 평등이 개인적 성취와 효용, 자유와 복지 실현의 평등으로 귀결되는 것도 아니다. 어느 한 공간에서의 평등이 다른 공간에서의 불평등으로 귀결되는 경우가 대부분이다.[12]

이러한 상황에서 센은 개별 정의론이 모든 공간과 변수에서 평등을 추구할 수는 없으며, 설령 추구하더라도 실현될 수 없다고 주장한다. 특히 인간의 다양성으로 인해 어느 한 공간에서의 평등이 다른 공간에서의 불평등으로 귀결될 수밖에 없는 상황에서 각각의 정의론은 다양한 변수 가운데 각 이론의 관점에서 핵심이 되는 "중심 변수focal variable"를 선택할 수밖에 없다. 센에 따르면, 일반적으로 대부분의 정의론에서 선택된 변수의 평등이 다른 공간에서의 불평등을 설명하고 정당화하는 핵심 기제로 작동하기 때문에, "이러한 '평가 공간evaluative space'의 선택 문제, 즉 적절한 중심 변수의 선택 문제"는 정의론이 불평등을 분석하고 설명하는 데 매우 중요하다.[13] 노직의 정의론에서 소득과 재산의 불평등은 "자유지상주의적 권리의 평등"의 불가피한 결과로 정당화된다.[14] 그렇다면 현실에서 정의의 포괄적 실현을 위해 정의론은 어떠한 변수를 '중심 변수'로 선택해야 하는가?

||,,||

성취할 수 있는 자유

사회 안에서 개인의 지위에 영향을 미치는 변수들은 세 가지 유형으로 구분될 수 있다. 첫째는 개인들이 자신의 행위와 선택의 결과로 실제 이루고 성취한 것, 즉 "실제 성취the actual achievement"와 관련된 변수들이 있다. 구체적인 예로 센은 어떤 행위와 선택을 통해 실제 결과로 얻게 된 쾌락이나 만족감, 행복, 욕구 총족과 같은 효용 또는 실제 벌어들인 소득이나 실제 행한 소비, 실제 생활 수준과 복지 수준 등을 들고 있다. 둘째, 실제 성취를 이루는 데 필요한 수단, 즉 "성취 수단the means to achievement"과 관련된 변수로, 롤스가 『정의론』에서 사람들이 "사회 안에서 일생을 자유롭고 평등한 시민으로 살아가는 데 누구나 필요로 하는 기본적인 것"으로 정의한 "기본 재화"와[15] 드워킨이 복지의 실현 수단으로 강조한 "자원" 등이다. 셋째, 개인들이 자신이 원하는 바를 실제로 선택하여 이룰 수 있는 자유, 즉 "성취할 수 있는 자유the freedom to achieve"와 관련된 변수로, 자신이 가치 있다고 생각하고 원하는 바와 기능function을 실제 선택하여 이룰 수 있는 능력을 의미하는 "역량capability"이 이 유형에 속한다.[16]

현실에서 소득, 재산과 같은 몇몇 변수들은 상황에 따라 '실제 성취'로, 또는 '성취 수단'으로도 분류될 수 있어 어느 변수가 어느 유형에 속하는지 명확한 분류가 쉽지 않지만, 개념적으로 '실제 성취'는 개인들이 행위 또는 선택의 결과로 실제 이루고 성취한 것들을 의미하며, '성취 수단'은 이러한 것들을 이루고 성취하기 위한 수단을, 그리고 '성취할 수 있는 자유'는 '성취 수단'을 활용하여 무엇인가를 실제로 선택하고 성취할 수 있는 실질적인 역량을 갖추고 있는 상태를 의미한다. '물고기 잡기'에 비유하면 '실제 성취'는 실제 잡은 물고기와 이에 따르는 만족과 행복, 효용, 실질적인 생활 수준의 향상 등을, '성취 수단'은 물고기를 잡는 데 사용하는 낚시 도구를, '성취할 수 있는 자유'는 낚시 도구를 사용하여 물고기를 잡을 수 있는 정신적·신체적 역량을 갖춘 상태를 의미한다. 센은 이처럼 개인들의 삶에 영향을 미치는 다양한 변수들을 '실제 성취 결과'와 관련된 변수, '성취 수단'과 관련된 변수, '성취할 수 있는 자유'와 관련된 변수로 구분한 후 이들 변수 가운데 '성취할 수 있는 자유'의 정도extent를 나타내는 '역량'이 정의론의 '중심 변수'가 되어야 한다고 주장한다.[17]

그렇다면 '성취할 수 있는 자유'가 중요한 이유는 무엇인가? 센에 따르면, 이러한 자유가 형식적 기회 균등을 넘어 개인들이 가치 있다고 생각하고 원하는 바를 실제 선택하거나 실행할 수 있는 실질적 기회의 정도를 드러내주기 때문이다. 배가 고파 호숫가를 찾아온 사람들에게 단순히 물고기 잡을 수 있는 기회를 부여하는 것만으로는 불충분하며 실제로 물고기를 잡을 수 있는 능력을 갖춰주는 것, 즉 물고기를 잡을 수 있는 실질적 자유를 보장하는 것이 중요하다. 이와 관련하여 센은 『정의의 아이디어』에서 우리가 역량 증진을 통해 "더 많은 자유를 가질수록 우리가 가치 있다고 생각하는 목표를 추구할 [실질적] 기회가 더 많아진다"고 이야기한다.[18]

센은 또한 우리가 이러한 자유에 주목함으로써 결과뿐 아니라 과정상에 나타나는 불평등과 불공정 문제도 함께 고려할 수 있다고 강조한다. 정의의 관점에서 볼 때 결과가 동일하더라도 본인의 선택에 의한 것과 강제에 의한 것은 의미가 전혀 다르다. 어떤 사람이 집에 머물러 있다는 결과에서는 동일하더라도 자유 의사로 집에 머물러 있는 것과 타인의 강요 때문에 집에 머물러 있는 것은 윤리적으로 의미가 완전히 다르다. 마찬가지로 다이어트를 위해 단식하는 것과 먹을 것이 없어서 어쩔 수 없이 끼니를 거르는 것은, 설령 결과에서는 동일하더라도, 윤리적으로 의미가 완전히 다르다. 우리가 '성취할 수 있는 자유'에 주목할 경우 이처럼 결과에만 주목했을 때 드러나지 않는 과정상의 문제점이 드러날

수 있으며, 특히 최종 결과에 이르는 과정에 실질적인 기회가 있었는지 여부를 평가할 수 있다.[19]

그러나 기존의 전통적 정의론은 실질적 자유의 중요성을 무시한 채 개인이 실제 성취한 '결과'나 성취에 필요한 '수단'에만 주목하고 있다고 센은 비판한다. 공리주의는 실제 성취 결과에 초점을 맞춘 대표적 이론으로, 사회질서를 평가할 때 개인들이 자신의 행위와 선택의 결과로 실제 성취한 효용, 특히 개인들이 특정 행위와 선택의 결과로 얻게 된 쾌락이나 행복, 욕구 충족 같은 심리적 측면에 주로 초점을 맞춘다. 따라서 이러한 공리주의의 관점에서 봤을 때 바람직한 사회는 개인들이 자신의 행위와 선택의 결과로 실제 성취한 행복 또는 효용이 사회적으로 최대가 되는 사회다. 다시 말해 결과를 얻기까지의 과정에 어떠한 불평등과 불공정이 있었는지는 중요하지 않으며, 결과적으로 '최대 다수가 최대 행복'을 성취할 수 있는 사회가 정의롭고 바람직한 사회다.[20] 또한 결과를 평가할 때 쾌락, 행복, 심리적 만족처럼 개인들이 주관적으로 느끼는 효용 이외의 다른 변수는 고려하지 않는다.

센은 그러나 이처럼 주관적으로 느끼는 효용에 초점을 맞춰 사회질서를 평가할 경우 사회에 만연한 다양한 불평등과 불공정 문제를 간과할 위험이 있다고 지적한다. "행복한 것이 우리 삶의 중요한 기능으로 간주될 수 있지만, 그렇다고 우리 삶에서 유일하게 가치 있는 기능이 될 수는 없다."[21] 즉 효용이 중요하지만 공리주의가 주장하듯 효용에만 초점을 맞춰 사회질서를 평가할 경우 우리 삶에서 중요한 의미를 갖는 다른 변수에서의 불평등과 불공정 문제를 무시하게 된다. 개인적 특성에 따라 어떤 사람은 낮은 소득으로도 큰 효용을 느낄 수 있고 어떤 사람은 높은 소득으로도 적은 효용을 느낄 수 있는 상황에서 효용에만 초점을 맞출 경우 소득 수준의 불평등 문제를 무시하게 되는 것이다. 이러한 두 가지 이유, 즉 결과에만 초점을 맞춘다는 점과 효용 이외의 다른 변수를 무시한다는 점 때문에 공리주의는 한계가 있다.[22]

센은 또한 비슷한 맥락에서 개인들이 실제 성취 결과로 얻게 된 소득의 분배에 초점을 맞춰 불평등을 측정하고 사회 전체 후생 수준을 평가하는 후생경제학을 비판한다. 휴 돌턴Hugh Dalton, 세르주-크리스토프 콜름Serge-Christophe Kolm, 앤서니 앳킨슨Anthony Atkinson 등 후생경제학자들은 사회후생social welfare을 기본적으로 소득의 함수로, 즉 소득에 비례하여 늘어나거나 줄어드는 개인들의 복지well-being의 총합으로 설명하고 있으며, 특히 앳킨슨의 경우 소득이 균등하게 분배될수록 사회후생이 극대화될 수 있다고 주장한다.[23] 그러나 이러한 후생경제학자들의 논의는 공리주의와 마찬가지로 실제 성취 결과로 얻게 된 소득에만 초점을 맞추고 있다는 점에서 소득 이외의 다른 변수를 무시하는 한계가 있다. 우선 이들의 논의는 성별, 연령, 사회적 환경, 또는 개인의 유전적 특징 등의 차이로 인해 개인들마다 소득을 자신의 복지로 전환하는

"전환률conversion rates"이 다를 수 있으며, 이에 따라 평등한 소득 분배가 매우 불평등한 복지로 이어질 수 있다는 점을 간과한다.[24] 투석이 필요한 신장질환을 앓고 있는 사람의 경우 다른 사람과 소득이 동일하더라도 소득의 상당 부분을 신장 투석에 사용해야 하기 때문에 실질적인 복지 수준에서는 다른 사람에 비해 상대적으로 열악할 수 있는데, 후생경제학자들의 논의는 이러한 개인별 차이를 무시한다.[25] 이러한 이유로 센은 사회 불평등을 평가하는 이론이 단순히 소득(또는 공리주의의 경우처럼 효용)에만 초점을 맞출 것이 아니라 좀 더 포괄적인 수준에서 불평등을 드러내줄 수 있는 실질적인 자유의 정도에 초점을 맞춰야 한다고 강조한다.

한편 롤스와 드워킨의 정의론은 자유 증진에 기여할 수 있는 기본 재화나 자원과 같은 성취 '수단'에 초점을 맞추고 있다는 점에서 실제 성취 결과에만 초점을 맞춘 공리주의와 후생경제학에 비해 자유의 중요성에 관심을 기울이고 있다. 그러나 기본 재화나 자원 같은 수단에 초점을 맞춰서는 개인들이 누릴 수 있는 실질적인 자유의 정도를 드러내는 데 한계가 있을 수밖에 없다. 센에 따르면,

> 어떤 개인이 보유하고 있는 자원이나 기본 재화는 그 사람이 이것을 하거나 저것이 되기 위해서 실제 누릴 수 있는 자유를 드러내주는 지표로서는 매우 불완전하다. (……) 사람들마다 개인적·사

회적 특성이 매우 다르며 이러한 차이는 자원과 기본 재화를 성취로 전환하는 데 상당한 정도의 개인 간 편차로 이어질 수 있다. 그리고 정확히 동일한 이유로 사람들마다 다른 개인적·사회적 특성의 차이는 자원과 기본 재화를 성취할 수 있는 자유로 전환하는 데서도 차이를 가져온다.[26]

동일한 기본 재화와 자원을 가진 사람이더라도 성별, 연령, 신진대사율, 유전적 요인, 임신 여부, 기후환경, 기생충 감염에 대한 노출 정도 등에 따라 누구는 영양 결핍에서 벗어날 수 있는 완전한 자유를 누릴 수 있지만 누구는 그렇지 못할 수 있다. 또한 동일한 기본 재화와 자원을 가진 사람이더라도 장애인과 비장애인, 임산부와 남성, 흑인과 백인 등이 실제 누릴 수 있는 자유는 다를 수 있다. 즉 개인들마다 기본 재화와 자원을 자신이 원하는 기능으로 전환할 수 있는 능력이 다르기 때문에 기본 재화와 자원의 평등이 실제 누릴 수 있는 실질적 자유의 불평등으로 이어질 수 있다.[27] 이러한 이유로 센은 '성취 수단'에 초점을 맞춘 롤스와 드워킨의 정의론이 "결과와 성취의 불평등에만 머물러 있던 우리의 관심을 자유와 기회의 불평등으로 이동"시키는 데 기여하지만, "자유의 **정도**extent가 아니라 자유의 **수단**means에만 집중하여" 자유 일반에 적절한 관심을 기울이는 데로 나아가지 못하고 있다고 비판한다. 롤스와 드워킨의 정의론은 "수단의 평등이 우리가 목표로 하는 바를 추구할 수 있는 자유의 평등을 보장하지 못한다"는 점을 간과한 채 소득, 재산, 권리, 기회와 같이 자유를 위한 수단에 불과한 기본 재화와 자원의 평등을 추구하는 데 머물러 있다.[28]

요컨대 센은 한편으로는 '결과'에 초점을 맞춘 공리주의와 후생경제학을 비판하고, 다른 한편으로는 '수단'에 초점을 맞춘 롤스와 드워킨의 정의론을 비판하며, 정의론이 '성취할 수 있는 자유'에 초점을 맞춰 불평등과 불공정 문제에 접근해야 한다고 강조한다. 특히 자신의 자유 개념이 노직과 같은 자유지상주의자들이 강조하는 자유 개념과 매우 다르며, 이러한 자유 개념이 사회에 존재하는 불평등과 불공정 문제를 포괄적으로 드러내줄 수 있다고 주장한다. 노직이 강조하는 자유는 정치사상 분야에서 '소극적 자유negative freedom'로 불리는 자유로, 타인 또는 국가로부터 간섭받지 않고 행동할 수 있는 자유, 즉 '불간섭non-interference'의 자유로서 타인 또는 국가의 간섭 없이 자신이 원하는 것을 취득하고, 소유하고, 이전하고, 처분할 수 있는 상태를 의미한다. 반면 센이 강조하는 자유는 '적극적 자유positive freedom'로 불리는 자유로, 단순히 간섭받지 않고 행동할 수 있는 자유를 넘어 자신이 원하는 바를 실제로 선택하거나 실행할 수 있는 실질적인 능력, 즉 역량을 갖추고 있는 상태를 의미한다.[29]

센에 따르면, 소극적 자유와 구분되는 이러한 적극적 자유, 즉 '성취할 수 있는 자유'는 특정 사회 안에서 개인들이 직면한 다양한 불평등과 불공정 문제를 포괄적으로 드러내주는 데 유용하다. 1943년 벵골 지역에서 기근이 발생했을 당시 농촌 노동자들과 지주 사이에 소극적 자유, 즉 국가의 간섭 없이 식량을 구매할 수 있는 자유에서는 큰 차이가 없었지만 실제로 식량을 구입할 수 있는 역량을 의미하는 적극적 자유에서는 커다란 불평등이 존재했고, 그 결과 많은 농촌 노동자들이 영양실조에 걸리거나 사망에 이를 수밖에 없었다. 즉 모든 사람이 국가의 간섭 없이 식량을 구입할 수 있는 형식적 자유와 기회의 측면에서는 평등하지만, 실제로 식량을 구입할 수 있는 역량(예를 들어 식량이 부족한 상황에서 어디에서 식량을 구입할 수 있는지 알아낼 수 있는 정보 수집 역량과 식량 판매처가 먼 거리에 있을 때 접근할 수 있는 접근 역량 그리고 실제로 구입할 수 있는 돈을 갖고 있는 자본 역량)에서는 실질적 자유를 누릴 수 있는 사람과 그렇지 못한 사람 사이에 불평등이 존재했다.[30] 이러한 이유로 센은 정의론이 현실에 나타나는 불평등과 불공정 문제를 포괄적으로 드러내기 위해서는 단순히 노직의 정의론이 강조하는 소극적 자유나 롤스와 드워킨의 정의론이 강조하는 기본 재화와 자원의 불평등에 초점을 맞출 것이 아니라 개인들이 자신이 원하는 바를 실제로 선택하여 실행할 수 있는 실질적인 자유에서의 불평등, 즉 역량의 불평등에 주목해야 한다고 강조한다.

||,||

정의의 요구는 단순하지 않다

센은 이처럼 자유의 중요성을 강조하며 정의론이 성취 '결과'나 '수단'이 아니라 실질적인 자유의 정도를 나타내는 '역량'을 중심 변수로 선택하여 불평등과 불공정 문제에 접근해야 한다고 주장한다. 그렇다면 현실에서 정의 실현을 위해 정의론은 '역량의 평등'을 추구해야 하는가? 센은 이 문제와 관련하여 정의론이 '무엇의 평등'을 추구해야 한다면 역량의 평등을 추구해야 하지만, 그렇다고 역량의 평등이 정의론의 유일한 요구 사항이 되어서는 안 된다고 강조한다.

> 역량의 평등에 중요성을 부여할 수 있지만 그렇다고 역량의 평등이 다른 중요한 고려들과 충돌할 때도 역량의 평등을 요구해야 하는 것은 아니다. (……) 중요하기는 하지만 역량의 평등이 그것과 충돌하는 다른 모든 중요한 고려 사항들을 반드시 능가하는 것은 아니다. (……) 역량은 실질적 기회와 관련된 자유의 한 측면일 뿐으로 절차의 공정성과 공평성에 적절한 관심을 기울이지 못한다. 역량의 아이디어는 자유의 기회 측면을 평가하는 데 장점이 있지만 자유의 과정 측면을 적절하게 다룰 수는 없다.[31]

즉 역량의 평등에만 초점을 맞출 경우, 역량 이외의 다른 중요한 변수에서의 불평등을 무시할 수 있으며, 특히 역량의 평등을 실현하는 과정에서 공평성을 해칠 수 있다는 것이다. 예를 들어 일반적으로 남성과 여성에게 동등한 돌봄이 주어질 경우 여성이 모든 연령층에서 사망률이 낮고 오래 사는 경향이 있는데, 이러한 상황에서 다른 변수를 무시하고 역량의 평등에만 초점을 맞출 경우 "오래 살 수 있는 장수 역량the capacity to live long"에서 남성의 핸디캡을 보충하기 위해 여성보다 남성에게 더 많은 의학적 관심을 기울여야 한다는 논리가 성립한다. 그러나 이러한 논리는 남성과 여성의 역량 차이를 가져온 다양한 원인을 무시하고 남성에게 '편향적으로' 더 많은 관심을 기울임으로써 "과정 공평성process equity"을 해칠 수 있다.[32]

이러한 이유로 센은 정의론이 단순히 역량의 평등만을 추구할 것이 아니라 좀 더 포괄적인 차원에서 정의의 문제에 접근해야 한다고 강조한다. 설령 어떤 제도나 정책이 역량의 평등에 기여하지 못하더라도 명백한 부정의를 제거하고 사람들의 전반적인 역량 향상에 기여할 수 있다면 좋은 제도와 정책이 될 수 있다. 역량 접근은 "정책의 다른 결과가 무엇이 되었든 상관없이 전적으로 모든 사람의 역량을 동등하게 만드는 것만을 목적으로 하는 사회 정책"을 요구하지 않는다. 예를 들어 극심한 기근과 기아, 전염병을 예방하기 위한 정책은 역량의 평등에 기여하지 못하더라도 좋은 정책이 될 수 있다.[33] 또한 "사회의 총량적인 진보를 판단할 때 역량 접근은 사회의 모든 구성원의 인적 역량을 확대하는 것이 갖는 중요성에 큰 관심을 기울이지만" 확대된 역량을 개인들에게 어떻게 배분할 것인가에 대해서는 특별한 청사진을 제시하지 않는다.[34] "평등은 정의론이 관심을 기울여야 할 유일한 가치"가 아니며 "정의의 요구의 일부분"일 뿐이다.[35] 정의는 역량의 평등 이외에 더 많은 것을 요구한다.

|ı,ı|

교육의 목적

센의 '역량 중심 정의론'은 개인들이 원하는 바를 성취할 수 있는 실질적인 자유의 정도를 나타내는 '역량'을 정의론의 '중심 변수'로 강조한다. 이러한 정의론은 최종 결과를 얻기까지 과정에 존재하는 다양한 불평등과 불공정을 간과하는 공리주의, 성취 수단을 자신이 원하는 기능으로 전환하는 역량의 불평등을 간과하는 롤스와 드워킨의 정의론에 비해 '성취할 수 있는 자유'에 초점을 맞춰 최종 결과뿐만 아니라 이를 얻기까지의 과정을 함께 고려해 사회에 존재하는 다양한 불평등과 불공정 문제를 포괄적으로 드러내준다.

그렇다면 센의 관점에서 대학 입시의 공정성 문제에 접근할 경우 어떠한 논변이 가능할까? 롤스와 노직의 관점과는 어떻게 다를까? 롤스는 사회의 '최소 수혜자'를 위한 차등적 재분배의 필요성을 주장한다. 해석상 논란의 여지는 있을 수 있으나, 대학 입시에서 학생들에게 수능 응시 기회, 과목 선택 기회, 수시 지원 기회 등을 균등하게 보장하고 학생 개인의 능력과 노력에 따라 불가피하게 발생하는 불평등을 완화하기 위해 '기회균형선발전형' 등을 통해 사회의 '최소 수혜자'를 선별적으로 배려하는 입시는 롤스의 관점에서 볼 때 차등적이지만 정의의 원칙에 부합한다. 또한 학생부종합전형의 정성 평가 과정에서 사회의 '최소 수혜자'를 우대하여 평가하는 것 또한 차등적이지만 정의의 원칙에 부합한다. 즉 수시가 되었든 정시가 되었든 롤스의 정의론은 대학 입시에서 사회의 '최소 수혜자'를 위한 선별적 차등 배려의 필요성을 강조한다.

반면 개인의 권리의 절대성과 불가침성을 강조하는 노직의 관점에서 볼 때 공정한 입시는 학생들에게 응시 기회와 과목 선택 기회를 균등하게 보장하고 결과가 어떻게 나오든 시험 과정에서 부정이 없는 한 점수를 그대로 인정하여 학생을 기계적으로 선발하는 수능위주전형에 가깝다. 학생부종합전형은 학생생활기록부 작성과 평가 과정에서 작성자와 평가자의 주관에 따라 해당 학생의 권리가 '부당하게' 침해될 가능성이 있다는 점에서 불공정한 입시로 볼 수 있다.

한편 실질적 자유와 역량의 중요성을 강조하는 센의 관점에서 대학 입시의 공정성 문제에 접근할 경우 롤스와 노직의 논변과는 매우 다른 논변이 가능하다. 센은 성취 '결과'나 '수단'이 아니라 '성취할 수 있는 자유', 즉 '역량'에 초점을 맞출 것을 주장한다. 성취 결과에 초점을 맞출 경우 결과를 얻기까지의 과정에서의 불평등과 불공정 문제를 간과할 수 있으며, 수단에 초점을 맞출 경우 수단을 자신이 원하는 기능으로 전환하는 역량에서의 불평등을 간과할 수 있다. 이러한 관점에서 볼 때 학생들에게 경쟁 기회를 동등하게 부여하고 문제 풀이를 통해 학생을 평가하는 수능 시험은 준비 과정에 존재하는 다양한 불평등과 자신의 실력을 성적 성취로 전환하는 전환 역량의 차이를 무시한다는 점에서 불공정 요소가 있다. 예를 들어 사회경제적 차이에 따른 사교육 격차가 있을 수 있고, 학생의 개인적 특성에 따라 수학 실력은 우수하지만 문제를 푸는 시간이 오래 걸릴 수 있는데 수능 시험은 이러한 차이를 무시한다.

그러나 입시의 공정성 문제보다 더 중요한 것은 학생들이 스스로 가치 있다고 여기고 원하는 것을 성취할 수 있도록 역량을 강화하는 것과, 학생들의 실질적 자유와 기회를 증진하는 것이다. 센의 정의론은 대학 입시의 공정성을 둘러싼 논쟁이 수시가 더 공정하냐 정시가 더 공정하냐의 프레임에서 벗어나기를 요구한다. 물론 입시의 공정성은 중요하다. 하지만 어떤 입시가 학생들의 전반적인 역량 향상과 실질적인 자유 증진에 기여할 수 있는 가가 더 중요하다. 학생부종합전형이 되었든 수능위주전형이 되었든, 설령 평등의 관점에서 볼 때 불평등하고 불공정하더라도, 사회 전반에 걸쳐 구성원들의 역량을 향상하고 실질적인 자유 증진에 기여할 수 있다면, 그러한 입시는 사회의 진보와 발전에 기여하는 정책으로 볼 수 있다.[36]

5장

단순한 평등 분배는 공정한가

"기준이 다양해야 공정하다"

왈저

마이클 왈저 Michael Walzer

개인의 삶과 정체성 형성, 도덕적·정치적 가치 판단에 있어 공동체의 특수한 역사적·사회 문화적 맥락을 강조하는 마이클 왈저는 일반적으로 알래스데어 맥킨타이어Alasdair MacIntyre, 마이클 샌델Michael Sandel 등과 함께 공동체주의communitarianism를 대표하는 학자로 알려져 있다. 재화의 성격과 분배 영역에 따라 정의의 기준이 다를 수 있다고 강조하는 왈 저의 정의론은 다양성을 특징으로 하는 현대 사회에 적합한 정의론으로 평가받고 있다.

1935년	미국 뉴욕 출생
1956년	브랜다이스대학 역사학학사
1956~1957년	케임브리지대학 풀브라이트스칼라
1961년	하버드대학 철학박사
1962~1966년	프린스턴대학 정치학과 교수
1966~1980년	하버드대학 정치학과 교수
1980~현재	고등학술연구소 사회과학원 교수 및 명예교수

주요 저서: 『정의로운 전쟁과 부정한 전쟁Just and Unjust Wars』(1977), 『정의의 영역들Spheres of Justice』(1983), 『해석과 사회 비평Interpretation and Social Criticism』(1987), 『두껍고 얇은Thick and Thin』(1994), 『관용에 관하여On Toleration』(1997), 『정치와 열정Politics and Passion』 (2004), 『정치적으로 사고하기Thinking Politically』(2007), 『해방의 역설The Paradox of Liberation』(2015), 『좌파를 위한 외교정책A Foreign Policy for the Left』(2018)

백가쟁명식 공정 논쟁

지금까지 우리 사회에서 논란이 되었던 공정 관련 이슈에 초점을 맞춰 롤스, 노직, 드워킨, 센의 정의론을 살펴보았다. 간략히 정리하면, 롤스는 '최소 수혜자'를 위해 소득과 부를 차등적으로 재분배하는 것을, 노직은 재산 취득과 이전 과정이 정당한 것을, 드워킨은 경쟁의 출발선상에서 자원의 평등을, 센은 역량과 실질적 자유의 증진을 정의의 원칙으로 강조한다. 롤스 이후 규범적 정치이론 분야에서 전개된 공정 또는 정의에 관한 논쟁은 이러한 기준 가운데 어떠한 것을 진정한, 또는 더 타당한 기준으로 간주해야 하는가에 관한 것이었다. 많은 학자들이 때로는 롤스의 입장에서, 때로는 롤스를 비판하는 노직, 드워킨, 센의 입장에서, 더 나아가 이들과는 다른 새로운 대안을 제시하며 치열한 논쟁을 벌여왔다. 그리고 논쟁은 학문적인 것에 그치지 않고 현실에서 어떠한 정책이 공정과 정의를 실현하는 데 더 기여하는지, 어떠한 정책이 불공정하고 정의롭지 못한지에 관한 것으로 이어졌다. 미국의 경우 학계와 언론계 등을 중심으로 미국 사회가 직면한 다양한 사회 문제, 특히 계층 간, 인종 간, 젠더 간 불평등 문제를 해결하는 데 어떠한 정의론의 입장에서 정책을 추진하는 것이 더 타당하고 바람직한지에 대해 여러 논쟁이 있었다.

유사한 논쟁은 우리나라 학계에서도 꾸준히 있었다. 사회경제적 불평등과 양극화가 심화되는 가운데 많은 학자들이 복지와 재분배, 소득세와 재산세, 상속세 등의 세제, 교육 등의 분야에서 어떠한 정책이 더 공정하고 정의로운 정책인지에 대해 논쟁해왔다. 그런데 공정이 우리 사회의 화두로 부상하면서 학계, 언론계, 출판계는 물론이고 정치권과 일반 시민들 사이에서도 무엇이 공정하고 무엇이 불공정한지에 대한 논쟁이 불붙고 있다. 앞서 언급한 바와 같이 코로나19 재난지원금을 어떠한 방식으로 누구에게 얼마만큼 지급할 것인가의 문제를 두고 정치권은 물론 일반시민들 사이에서도 갑론을박이 벌어졌다. 일부에서는 모든 국민에게 똑같이 나눠주어야 한다고 주장하고, 다른 일부에서는 피해 정도와 가구 소득수준, 전체 예산 규모 등을 고려하여 차등적으로 지급해야 한다고 주장했다. 유승민 전 의원은 "단순히 n분의 1의 산술적 평등은 결코 공정과 정의가 아니"라고 강조하며 "전 국민이 아니라, 국가의 도움이 절실하게 필요한 분들에게 두 배, 세 배를 드리자"고 주장했다. 또한 "끼니를 걱정해야 할 실업자나 수개월째 임대료가 밀린 자영업자에게 100만 원은 너무나도 절실한 돈이지만, 고소득층 가족에게 그 돈은 없어도 그만인 돈"이라며 "재난지원금을 전 국민에게 똑같이 지급하는 것은 공정하지도 정의롭지도 않다"고 지적했다.

이외에도 여러 가지 공정 관련 이슈들이 부상하면서 우리 사회의 공정 논란도 과거에 비해 훨씬 더 복잡한 양상으로 전개되고 있다. 한쪽에서는 기회의 평등을, 다른 한쪽에서는 과정의 평등을, 또 다른 한쪽에서는 결과의 평등 또는 출발선상에서 수단의 평등과 역량의 평등을 공정의 기준으로 강조하며 치열한 논쟁이 벌어지고 있다. 지난 2020년 9월과 10월 《한국일보》가 특집으로 기획한 '공정을 말하다'라는 릴레이 인터뷰에서 참가자 일곱 명 모두 공정을 이야기하지만 그 기준은 달랐다. 김우창 고려대학교 명예교수는 "규칙 자체의 공정성"도 논란이 될 수 있다는 점을 인정하면서도 "기본적으로 정해진 규칙을 따르는 게 공정"이라고 주장했다. 반면 이상돈 중앙대학교 명예교수는 "공정은 기회의 공정이지, 결과의 공정이 아니"라고 강조하며 "정부가 제도와 시스템을 통해 기회의 공정을 마련해주는 것이 중요하다"고 주장했다. 비슷한 맥락에서 주진형 전 한화증권 사장도 "기회의 균등을 보장하지 못하는 한 아무리 경쟁 규칙이 공정하다 해도 그러한 경쟁을 거쳐 나온 결과가 공정하다고 할 수 없다"고 강조하며 공정을 기본적으로 "모두가 똑같은 기회를 누리는 기회의 균등"으로 정의했다. 이와 달리 장혜영 정의당 국회의원은 "어느 부모 밑에서 태어나는가가 자녀의 평생을 결정하고 부와 가난이 세습되며 기회의 평등과 결과의 정의가 무너진 현실에서" "결과의 정의와 분리된 공정은 공허한 수사일 뿐"이라고 강조하며 공정한 과정보다는 결과의 정의, 즉 결과의 불평등을 해소하는 것이 더 중요하다고 주장했다. 조금 다른 맥락에서 이동수 청년정치크루 대표는 "사회적 약자들은 경쟁에서 불리할 수밖에 없기 때문"에 "단순히 경쟁의 결과만으로" 공정을 규정하는 것에 반대하며 공정을 "노력하는 만큼 보상받는 것, 노력에 따른 정당한 대가를 지급받는 것"으로 규정했다.

　　한편 제20대 대통령선거에 출마한 여야 대통령 후보들 또한 다양한 공정의 기준을 제시했다. 이재명 전 경기도지사는 출마 선언문에서 "공정성 확보가 희망과 성장을 가능하게" 한다고 주장하며 공정한 사회를 "규칙을 지켜도 손해가 없고 억울한 사람도 억울한 지역도 없는", "기회는 공평하고, 공정한 경쟁의 결과 합당한 보상이 주어지는 사회"로 규정했다. 즉 공정의 기준으로 규칙을 지키는 것, 억울함이 없는 것, 공평한 기회, 공정한 경쟁, 합당한 보상 등을 제시했다. 또한 2021년 12월 21일 『정의란 무엇인가』의 저자 샌델 교수와 진행한 온라인 대담에서 "우리는 출발점에서의 평등이 중요하다고 생각하지만, 그 출발선 자체가 불평등하다"고 지적하며 출발선 자체를 평등하게 만들기 위해 "장애인은 조금 앞에서 출발하게 해주는 등 소수를 위한 배려"를 통해 "출발점을 조금씩 바꿔"주는 것이 중요하다고 강조했다. 반면 윤석열 전 검찰총장은 출마선언문에서 "상식을 무기로, 무너진 자유민주주의와 법치, 시대와 세대를 관통하는 공정의 가치를 기필코 다시 세우겠"다고 주장했다.

그야말로 백가쟁명식 공정 논쟁이다. 모두가 똑같이 공정을 이야기하지만 그 기준은 "규칙을 지키는 것", "출발선상에서 평등을 보장하는 것", "기회 균등을 보장하는 것", "과정의 평등을 보장하는 것", "결과의 불평등을 해소하는 것", "노력하는 만큼 보상받는 것", "억울함이 없는 것", "상식과 법치" 등으로 모두 다르다. 그렇다면 이처럼 다양한 공정의 기준 가운데 특정한 하나의 기준만 공정하고 나머지 기준은 불공정한가? 아니면 상황과 분배 영역에 따라 공정의 기준이 달라지는가? 언제 어디서나 보편타당한 공정의 기준은 존재하는가? 여기서는 왈저의 '다원주의적 정의론 pluralist theory of justice'을 중심으로 이 문제에 대해 알아보려 한다. 우선 현대 정의론 논의의 준거점을 제시한 것으로 평가받는 롤스의 정의론에 대한 왈저의 비판부터 살펴보자.

||,|| 롤스는 비현실적이다

왈저는 롤스의 정의론이 현실과 동떨어진 비현실적인 정의론일 뿐만 아니라 다양성을 특징으로 하는 현대 사회에 부적합한 정의론이라고 비판한다. 우선 합리적 이성을 가진 개인들이 '원초적 입장'에서 서로에 대해 전혀 알 수 없는 '무지의 베일' 속에서 정의의 원칙에 대해 합의할 수 있다는 가정은 비현실적이다. 현실에서의 개인은 서로에 대해 전적으로 무지할 수 없으며, '원초적 입장'과 '무지의 베일' 속에서가 아니라 특수한 역사적·사회문화적 맥락 속에서만 이해 가능한 '일상적인 상황'에서 특수한 정체성을 갖는 공동체의 구성원으로서 정의의 원칙을 선택할 수밖에 없다. 따라서 롤스가 가정하는 것처럼 정의론이 "합리적 개인들이 이러저러한 종류의 보편화가 가능한 이상적 조건에서" 어떠한 정의의 원칙을 선택할지 묻는 것은 의미가 없으며, 특정한 문화와 정체성을 공유하는 정치 공동체의 구성원으로서 "현재 위치하고 있는 그대로의 상황에서" 무엇을 선택할지 물어야 한다.[1] 이와 관련하여 왈저는 플라톤의 '동굴의 비유'를 염두에 두고 다음과 같이 언급한다.

철학적 사고를 시작하는 한 가지 방식은 동굴에서 걸어 나와 도시를 떠나 산으로 올라가 (평범한 사람들이 형성할 수 없는) 객관적이고 보편적인 관점을 형성하는 것이다. 멀리 떨어진 [산 위에서] 묘사하는 일상생활의 지형은 특수한 윤곽을 잃어버리고 일반적인 모습만을 그린다. 그러나 나는 동굴 안에, 도시 안에, 그리고 땅 위에 서 있으려 한다. 철학을 하는 또 다른 방식은 우리가 공유하는 의미의 세계를 동료 시민들에게 해석해주는 길이다. 정의와 평등은 철학적 인공물로서 상상을 통해 만들어질 수 있지만 정의롭고 평등한 사회는 상상을 통해 만들어질 수 없다.[2]

왈저는 또한 사람들이 모든 분배에 보편적으로 적용 가능한 정의의 원칙에 대해 합의할 수 있다고 가정하는 롤스의 정의론이 다양성mutiplicity을 특징으로 하는 현대 사회의 정의론으로 부적합하다고 비판한다. "[롤스를 비롯하여] 플라톤 이래 현재까지 정의에 대해 논하는 대부분의 철학자들은 철학이 옳다고 아우를 수 있는 분배 체계가 오직 하나만only one 존재한다고 가정"해왔다. 그러나 역사적으로 봤을 때 "모든 분배에 [보편적으로 적용 가능한] 하나의, 또는 하나로 상호 연결된 일련의 기준이 존재한 적은 한 번도 없었다." 공동체 안에서 분배의 대상이 되는 재화는, 롤스가 누구나 필요로 하는 보편적 재화로 가정한 '기본 재화'뿐 아니라 다양한 종류가 존재하며, 각각의 재화에 적합한 다양한 기준들이

"서로 혼재되어 어렵게 공존"하고 있을 뿐이다.[3]

> 분배 정의의 관념은 소유having와 연관된 것만큼 존재being 및 행위
> doing와도 연관되어 있고, 소비와 연관된 것만큼 생산과도 연관되
> 어 있으며, 토지·자본·개인적 소유물과 연관되어 있는 것만큼 정
> 체성 및 사회적 지위와도 연관되어 있다. 성원권membership, 권력, 명
> 예, 종교적 명성, 신의 은총, 가족관계와 사랑, 지식, 부, 신체상의
> 안전, 노동과 여가, 보상과 처벌, 그리고 의식주와 이동 수단, 보
> 건 의료, 일상 용품 및 인간의 수집 대상인 모든 종류의 진귀한 물
> 건들(그림, 희귀한 서적, 우표)을 분배할 때 서로 다른 정치 체제가 서로
> 다른 분배를 강제하고, 서로 다른 이데올로기가 서로 다른 분배를 정당화한
> 다. 이러한 재화의 다양성은 분배 절차와 주체 및 기준의 다양성과
> 맞물린다. (가까이서 살펴본다면 예상치 못한 복잡함을 드러내주겠지만)
> 노예선, 수도원, 정신병원, 유치원 같은 단순한 분배 체계가 존재
> 하기도 한다. 그러나 충분히 성숙한 인간 사회 가운데 다양성을
> 피했던 사회는 하나도 없다. 우리는 서로 다른 수많은 시대와 장
> 소에 존재하는 재화와 분배의 모든 것에 대해 연구해야 한다.[4]

요컨대 왈저는 합리적 이성을 가진 사람들이 '원초적 입장'
과 '무지의 베일' 속에서 '평등한 자유의 원칙', '기회 균등의 원칙',
'차등의 원칙'과 같이 보편타당한 정의의 원칙에 대해 합의할 것

이라고 가정하는 롤스의 정의론을 비판하며, 분배의 대상이 되는 재화도, 분배의 주체도, 분배의 절차와 기준도 모두 다 다양하다고 강조한다. 정의론은 따라서 모든 분배에 보편적으로 적용 가능한 '오직 하나'의 원칙 또는 '오직 하나'의 분배 체계가 아니라 재화의 다양성과 기준의 다양성을 포괄할 수 있는 다원주의적 pluralistic 정의의 원칙을 찾아야 한다.[5]

> 정의의 원칙들은 형식에서 그 자체가 다원주의적이다. 서로 다른 사회적 재화가 서로 다른 절차에 따라 서로 다른 주체에 의해 서로 다른 이유를 근거로 분배되어야 한다. 이러한 모든 차이는 역사적·문화적 특수주의particularism의 불가피한 산물인 사회적 재화 그 자체에 대한 서로 다른 이해에서 유래한다.[6]

왈저는 그러나 정의론이 이처럼 다원주의적 정의의 원칙을 찾아야 한다고 주장하면서도 동시에 무원칙이 될 수는 없다고 강조한다. 다원주의가 "프로크루스테스의 침대procrustean bed 같은 획일적 기준"을 요구해서도 안 되지만,[7] 그렇다고 "제안된 모든 기준에 대한 승인을 요구"해서도 안 된다. "우리가 비록 다원주의를 선택하더라도 우리가 선택한 다원주의 또한 정합성 있는 일관된 논변을 필요로 한다." 다원주의에도 "선택을 정당화하는 원칙이 있어야 하고, 그러한 제반 선택의 한계를 설정하는 원칙이 있어야

만" 한다.[8] 그렇다면 왈저가 제시하는 다원주의적 정의의 원칙은 무엇인가?

|ₗₗ|

다원주의 사회의 평등

왈저는 다양성을 특징으로 하는 다원주의 사회가 추구해야 할 평등 개념으로 '복합 평등'을 제시하고 재화에 대한 논의부터 시작한다. 왈저에 따르면, 분배 정의가 대상으로 하는 모든 재화는 "사회적 재화social goods"로 재화의 의미와 가치가 사회적 과정 속에서 창출되고 공유되며 평가된다. 따라서 그 의미와 가치는 사회마다 다를 수 있다.[9] 또한 "모든 도덕적·물질적 세계를 가로질러 통용될 수 있는 하나의 기본primary 재화 또는 기초basic 재화 집합은 존재하지 않는다." 설령 롤스가 가정하듯이 '누구나가 필요로 하는 기본 재화'라는 개념이 존재하더라도, 이러한 개념은 "너무나 추상적"이기 때문에 개별 분배 사례에 적용할 경우 "별 쓸모가 없다."[10]

　　다음으로 왈저는 "재화의 사회적 의미가 무엇이냐에 따라 [동일한 분배 행위가] 정의로울 수도 있고 정의롭지 못할 수도" 있으며, 분배 기준이 사회적 맥락에 따라 달라질 수 있다고 주장한다. 예를 들어 성직, 공직 또는 성性과 같이 "돈으로 살 수 없는 것"으로서의 사회적 의미를 갖고 있는 것들을 사고파는 것은 정의롭지 못한 반면 돈으로 살 수 있는 것을 사고파는 것은 정의로운 것으로 받아들여질 수 있다.[11] 또한 사회적 의미가 변함에 따라 분배의 성격도 변할 수 있다. 현재 시점에서 특정 재화의 특정 분배가 정의로운 분배로 받아들여지더라도 시간이 지나면서 재화의 사회적 의미가 달라져 동일한 분배가 정의롭지 못한 분배로 변화할 수 있다.[12]

　　마지막으로 왈저는 "각각의 분배 영역에서 분배가 자율적autonomous으로 이루어져야 한다"고 강조한다. "모든 사회적 재화 또는 재화의 집합은 하나의 분배 영역을 구성하고, 그 분배 영역 안에서는 특정 기준과 특정 분배만이 적절appropriate하다. [실례로] 성직의 영역에서 돈은 부적절하며, [만약 성직을 돈으로 사고판다면] 이는 다른 영역이 성직의 영역으로 침투한 것"이다. 물론 대부분의 경우 "한 분배 영역에서 발생한 사건이 다른 영역에 영향을 미칠 수 있기 때문에 [각각의 분배 영역이] 기껏해야 상대적 자율성relative autonomy만을 누릴 수 있다"는 점을 왈저는 인정한다. 그럼에도 개별 영역에 존재하는 이러한 상대적 자율성이 정의의 "매우 중요하고 근본적인 원칙"이 되어야 한다고 주장한다. 모든 분배에 적용 가능한 "하나의 기준은 존재하지 않는다. 각각의 특수한 사회에 각각의 분배 영역에서 각각의 사회적 재화에 적합한 (논란이 되는 상황에서도 대체로 알 수 있는) 복수의 기준"이 존재할 뿐

이다.[13]

그렇다면 이처럼 재화의 의미와 가치가 사회마다 다르고 시간에 따라 변화하는 상황에서, 그리고 재화의 사회적 의미에 따라 분배 기준이 달라질 수 있고, 각각의 분배 영역에 적합한 복수의 기준이 존재할 수 있다면 바람직한 분배의 모습은 어떠해야 하는가? 이와 관련하여 왈저는 하나의 재화가 지배적 위치를 차지하는 상황에 적합한 '단순 평등'과 다양한 재화들이 공존하는 상황에 적합한 '복합 평등'을 구분한다.

어떤 하나의 재화가 특정 사회의 모든 분배 영역에서 지배적 지위를 차지하고 있는 경우(즉 그 재화를 가지고 있는 사람이 그 재화를 가지고 있다는 이유 때문에 다른 재화를 광범위하게 통제할 수 있는 경우), 그리고 특정 개인 또는 집단이 특정 재화에 대한 통제를 독점하고 있는 경우, 정의는 그 특정 재화에 대한 독점 철폐와 평등을 요구한다.[14] 모든 것을 돈으로 사고팔 수 있는 사회(쉽게 말해 돈이 지배하는 사회)에서 지배적 위치에 있는 재화는 돈이다. 이런 사회에서는 돈으로 모든 것을 살 수 있기 때문에 돈을 갖고 있는 사람이 권력과 명예, 기회 같은 다른 재화도 쉽게 통제할 수 있다. 따라서 특정 집단이 돈, 즉 자본에 대한 통제를 독점한다면 이들은 그 사회의 지배 계급이 되어 분배 체계의 최상층을 차지하게 된다. 이 경우 정의는 자본에 대한 지배 계급의 독점을 철폐하고 자본의 평등한 분배를 요구한다. 왈저는 이처럼 특정 재화가 지배적 위치를 차지하고 있는 상황에서 특정 집단의 독점을 철폐하고, 지배적 재화의 평등을 실현하는 것을 '단순 평등'이라 부른다. 그리고 이러한 단순 평등이 실현된 사회를 "단순 평등 체제the regime of simple equality"로 지칭한다.[15]

　왈저는 그러나 특정 재화가 완벽하게 지배적인 지위를 차지하고 특정 집단이 그 재화를 완벽하게 독점한 사례는 역사적으로 한 번도 존재한 적이 없다고 주장한다. 물론 물리적 힘, 가문의 명예, 종교적·정치적 직위, 토지, 자본, 기술 지식 등이 서로 다른 시대에 상대적으로 지배적인 위치를 차지한 적은 있지만, 그리고 특정 집단이 이들 재화를 일정 정도 독점한 적은 있지만 지배는 항상 불완전하며 독점 역시 완벽할 수 없다. 토지와 자본이 상대적으로 지배적인 지위를 차지하고 있었던 초기 자본주의 사회의 경우도 군사력이나 정치 권력, 종교적 직위나 카리스마 등을 통해 토지와 자본 확보가 가능했다는 점에서 토지와 자본이 "유일한 지배적 재화"는 아니었다. 또한 자본주의가 발달한 현대 사회의 경우도 공직이나 사람의 몸처럼 '돈으로 살 수 없는 것'들이 존재한다. 역사적으로 볼 때 단 하나의 재화가 모든 것을 지배했던 적은 없으며 다양한 재화가 서로 경쟁하며 존재한다.[16] 따라서 특정 집단의 독점을 철폐하고 지배적 재화의 평등을 통해 정의를 실현하고자 하는 '단순 평등'은 다원주의 사회의 현실적인 목표가 될 수 없다.

왈저는 더 나아가 설령 지배적인 재화가 존재하는 경우에
도 '단순 평등 체제'는 지속성에 문제가 있다고 비판한다. 돈이 지
배적 지위를 차지하고 있는 사회에서 모든 사람에게 돈을 평등하
게 분배하더라도, 시간이 지나며 시장에서 자유 교환이 이루어짐
에 따라 불평등이 발생할 수밖에 없다. "자본주의 사회에 살고 있
는 우리들은 모든 사람이 똑같은 양의 돈을 갖고 있는 사회를 꿈
꿔볼 수 있다. 그러나 우리는 어느 일요일 정오에 평등하게 분배
되었던 돈이 일주일이 지나기 전에 불평등하게 재분배될 것이라
는 사실을 알고 있다. 어떤 사람은 처음 분배받은 돈을 저축할 것
이고 어떤 사람은 투자할 것이며 또 어떤 사람은 그냥 다 써버릴
것이다."[17] 이러한 상황에서 국가의 지속적 개입이 없다면 단순 평
등은 유지될 수 없다. 더 나아가 사회 변화와 함께 새로운 재화가
등장하면서 새로운 형태의 불평등이 지속적으로 발생할 수 있다.
예를 들어 학교에서의 성적이 취업이나 재산 취득에 중요해짐에
따라 학교가 새로운 경쟁의 장이 되고, 따라서 학교 안에서는 돈
대신 자연적 재능이나 시험을 잘 볼 수 있는 문제풀이 능력 등이
지배적 지위를 차지하게 되면서 학교 안에 새로운 불평등이 발생
한다.[18]

　　이처럼 지배적인 특정 재화의 평등에 초점을 맞춘 '단순 평
등'이 다양한 재화가 경쟁하는 상황에서 추구해야 할 평등으로 부
적합할 뿐만 아니라 설령 달성되더라도 지속될 수 없다면, 대안은

무엇인가? 다양한 재화가 서로 경쟁하는 현대 다원주의 사회에서 정의 실현을 위해 우리는 무엇을 해야 하는가? 이와 관련하여 왈저는 '복합 평등'을 대안으로 제시하며 정의론이 특정 분배 영역에서의 독점 철폐 또는 제한에 초점을 맞출 것이 아니라 분배 영역을 넘나들며 영향력을 행사하는 특정 재화의 지배를 축소하고 "전제tyranny"를 철폐하는 데 초점을 맞춰야 한다고 강조한다. 즉 특정 재화가 지배적 위치를 차지하는 것을 막고 각각의 분배 영역들이 자율성을 가질 수 있도록 해야 한다.[19] 특정 분배 영역에서 특정 집단이 특정 재화를 독점하는 것 자체는, 영향을 미치는 범위가 그 영역 안으로만 제한된다면 큰 문제가 아니다. 설득력 있는 논변을 전개하고 다른 사람을 잘 도와주는 정치인이 정치 권력을 장악하는 것이 무슨 문제가 되겠는가. 문제는 특정 영역에서의 분배가 다른 영역에 영향을 미쳐 다른 영역에서의 분배를 지배할 때 발생한다. 왈저는 이를 '전제'로 부르며 이를 철폐하는 것이 다원주의 사회의 정의론의 목표가 되어야 한다고 강조한다. 그리고 '전제'가 철폐된 사회를 '단순 평등 체제'와 대비하여 '복합 평등 체제the regime of complex equality'로 지칭한다.[20] 이러한 '복합 평등 체제'에서는,

비록 소규모의 불평등이 다수 존재하지만, 이러한 불평등이 전환 과정을 통해 더 큰 불평등으로 증식되지 않을 것이다. 이뿐만 아

니라 분배 자율성이 〔각각의 분배 영역에서〕 서로 다른 집단에 의해 장악된 다양한 국지적local 독점을 산출하는 경향이 있기 때문에 서로 다른 재화를 넘나들며 하나로 합쳐지지도 않을 것이다. 나는 복합 평등이 반드시 단순 평등보다 더 안정적이라고 주장하고 싶지는 않지만, 복합 평등이 사회 갈등을 분산시키고 개별화된 형태로 만드는 길을 열 것이다.[21]

요컨대 왈저가 다원주의 사회의 목표로 제시하는 '복합 평등 체제'는 특정 재화의 지배가 불가능한 사회, 즉 각각의 분배 영역 안에서는 다양한 불평등이 존재할 수 있지만, 이러한 불평등이 다른 영역으로 확산되지 않고 해당 영역 안에 머물러 있는 사회다. 예를 들어 정치 영역에서 공직을 배분하는데 A와 B 두 사람 가운데 A만 선택된 경우, 두 사람은 정치 영역에서 불평등하다. 그러나 A가 공직에 있다는 이유로 다른 분배 영역에서 A에게 더 좋은 의료 혜택을 제공하거나 자식들을 더 좋은 학교에 보낼 수 있게 하거나 더 좋은 사업 기회를 제공하지 않는 이상, 두 사람이 일반적인 의미로 불평등한 것은 아니다. "공직이 지배적 재화가 아닌 이상, 그리고 일반적으로 [다른 재화로] 전환 가능하지 않는 이상, 공직을 가진 사람 또한 자신이 통치하는 사람들과 평등한 관계에 있거나, 적어도 평등한 관계에 있을 수 있다."[22] 왈저는 이러한 논의를 바탕으로 '복합 평등 체제'를 실현하기 위한 일반 원칙으로 "어떠한 사회적 재화 x도 y를 소유한 사람에게 x의 사회적 의미와 상관없이 단지 y를 소유했다는 이유만으로 분배되어서는 안 된다"는 원칙을 제시한다.[23] 그렇다면 다원주의 사회가 '전제'를 철폐하고 '복합 평등'을 실현하기 위해 각각의 분배 영역에서 어떠한 분배 기준을 적용해야 하는가?

|ₗₗₗ|

분배 영역과 분배 기준

왈저는 분배 영역을 성원권, 안전과 복지, 돈과 상품, 공직, 고된 일, 자유시간, 교육, 가족관계와 사랑, 신의 은총, 인정, 정치 권력 등 열한 개 영역으로 구분하고 각 영역에 적합한 분배 기준을 제시한다.

첫째, 성원권은 기본적으로 정치 공동체 구성원들의 "자기 결정self-determination"에 따라 분배되어야 한다. 왈저에 따르면, 성원권이란 국적·시민권과 같이 특정한 정치 공동체의 구성원이 될 수 있는 자격을 의미하는 것으로, 분배에서 자기 몫을 받을 수 있는 자격과 분배 결정 과정에 참여할 수 있는 자격을 부여하는 모든 분배의 전제가 되는 "기본 재화primary good"다. 왈저는 구성원이 비구성원에게 성원권을 분배할 때 "상호 부조의 원칙the principle of mutual aid"에 입각하여 "아무 곳에도 갈 수 없는" 난민이나 망명자 같은 '이방인strangers'에게 피난처asylum를 제공할 의무와 장기 체류한 외국인 노동자에게 성원권을 부여해줄 의무가 있다는 점을 인정한다.[24] 그러나 공동체의 독립성을 유지하기 위해 어느 정도의 "폐쇄closure"는 불가피하며, 누구를 공동체 구성원으로 받아들일지 결정하는 성원권 분배는 정치 공동체의 '자기 결정' 원칙에 따라 이루어져야 한다고 강조한다.[25]

둘째, 안전과 복지는 구성원의 필요에 비례하여in proportion to need 모든 구성원에게 제공되어야 한다. 구성원에게 안전과 복지를 제공하는 일은 정치 공동체의 존재 이유로, 정치 공동체가 모든 구성원에게 안전과 복지를 제공하지 못한다면 더 이상 정치 공동체로 존재할 수 없다. 물론 왈저는 구체적으로 누구에게 얼마만큼의 안전과 복지를 분배할 것인가의 문제는 비용과 가용 자원을 고려하여 정치적으로 결정할 문제라는 점을 인정한다.[26] 그러나 "일단 정치 공동체가 어떤 필요한 재화[안전과 복지]를 구성원에게 제공하기로 한다면, 그 재화를 필요로 하는 모든 구성원에게 그들의 필요에 비례하여 제공해야 한다"고 강조하고, 만약 "필요 그 자체"를 제외한 다른 기준을 적용할 경우 "분배를 왜곡하는 것으로 경험"될 수 있다고 경고한다.[27]

셋째, 돈과 상품의 분배에서는 돈의 '전환 가능성'을 제한해야 한다. 돈은 자본주의 사회에서 다른 재화로의 '전환 가능성convertibility'이 가장 높고 '지배'적인 재화이기 때문이다. 이를 위해 왈저는 우선 사람 그 자체, 정치 권력과 정치적 영향력, 범죄 재판, 표현·언론·종교·결사의 자유, 결혼과 출산의 권리, 정치 공동체를 떠날 수 있는 권리, 병역 면제 또는 공동체를 위한 여타 복무로부터의 면제, 공직, 포상과 명예, 종교적 은총, 사랑과 우정, 범죄 행위 등을 "돈으로 살 수 없는 것"으로 제시하며, 돈의 지배를 막기 위해 이러한 재화의 경우 자유 교환을 "금지block"해야 한다고 주장한다.[28] 물론 이를 제외한 "돈으로 살 수 있는" 상품의 경우, 기본적으로 시장에서의 자유 교환을 통해 분배가 이루어져야 하지만, 그렇다고 모든 교환을 시장에 맡기면 모든 재화가 상품으로 전환되면서 돈의 지배가 확대될 위험성이 있기 때문에, 즉 왈저가 "시장 제국주의market imperialism"로 부르는 위험이 나타날 수 있기 때문에, 시장을 통한 분배가 일정한 한계를 벗어날 경우 "정치적 재분배"의 가능성을 모색해야 한다.[29]

넷째, 공직의 경우 "사적 개인에 의해 전유appropriated되거나 한 가문에 의해 세습되거나 또는 시장에서 판매될 수 없고" "개인 또는 소규모 집단의 재량에 의해 분배될 수 없다."[30] 현대 사회에서 전문직을 포함한 공직은 단순히 그 직위뿐 아니라 "명예, 지위, 권력, 특권, 부, 안락함 등" 다른 재화를 부수적으로 함께 분배한다는 점에서 "지배적인 재화" 가운데 하나로 간주되어야 하고,[31] 따라서 능력 있는 사람이 공직을 맡을 수 있도록 자리 배분이 공정하게 이루어져야 한다. 왈저에 따르면, "태생 또는 권력을 가진 개인의 후원 덕분에 선발된", 또는 "정교한 훈련과 시험 과정을 거치지 않고" 선발된 사람들이 공직을 맡는 것은 공정하지 못하다. "공직은 상대적으로 희소하기 때문에 공직 선발 과정은 모든 후보자에게 공정해야 하는 동시에 모든 후보자에게 공정한 것으로 보여야만 한다. 또한 선발 과정이 공정하기 위해서는 선발 과정이 사적 개인의 판단에서 벗어나야 한다." 요컨대 공직 분배 과정이 사적인 영역에서 벗어나 공적인 영역에서 모든 후보자에게 동등한 기회를 부여한 상황에서 "공개 경쟁open competition"을 통해 이루어져야 한다. "만약 어떤 사적 개인이 개인적 이유로, 또는 공개적으로 알려지거나 승인되지 않은 이유로 공직과 직위를 분배한다면 이는 정의롭지 못하다."[32]

다섯째, 고된 일hard work은 사회에 필수적이지만 가난, 불안전성, 나쁜 건강, 신체적 위험, 불명예, 비하 등 부정적인 것들과 결부되어 있어 가능하면 사람들이 떠맡지 않으려 하기 때문에 이상적으로는 군대 징집처럼 "모든 시민이 번갈아 맡는" 식으로 분배되어야 한다. 그러나 현실적으로 모든 시민들이 고된 일을 번갈아 맡을 수 없기 때문에 이러한 부정적 재화들을 개인들뿐 아니라 분배 영역들 사이에서도 분산시키고, 일부 부담은 복지 비용을 분담하는 것처럼 구성원들이 분담하거나 시장에서의 매매 또는 정치적 논쟁과 민주적 의사결정을 통해 고통을 분담하는 방식으로 분배되어야 한다. 고된 일을 하도록 미리 정해져 있는 사람은 없으며, "우리 모두가 서로 다른 경우에 서로 다른 방식으로 고된 일을 떠맡을 수 있도록 준비가 되어 있어야 한다."[33]

여섯째, 자유시간, 즉 휴가, 휴일, 주말, 근무 후 시간 등은 분배 정의의 중요한 대상이지만 이를 누구에게 얼마만큼 분배할지에 대해서는 특정한 원칙이 없다.[34] 다만 자유시간의 구조가 "마르크스가 자본에 의한 '강탈'이라고 부르는 것에 의해서, 또는 공동체가 자유시간 제공이 필요한 때에 자유시간을 제공하지 못하거나 노예와 외국인과 주변인을 배제함으로써 왜곡되어서는 안 된다." 만약 "이러한 왜곡이 없다면 자유시간은 자유 사회의 구성원들에 의해 모두 다른 방식으로 경험되고 향유될 수 있다."[35]

일곱째, 교육은 시민들이 갖추어야 할 기본 지식을 가르치는 "기초" 교육과 다음 세대의 전문가를 양성하기 위한 "전문" 교육으로 구분되는데, 전자는 모든 시민에게 보편적으로 제공되어야 하지만 후자는 학생 개인의 흥미와 능력, 재능에 따라 선별적으로 제공되어야 한다.[36] 또한 학교의 교사 자리와 학생 자리, 학교 안에서의 직위, 성적, 승진 그리고 다양한 종류와 수준의 지식 등이 학교 안에서 분배될 때 학교 밖의 경제나 정치 영역에서의 분배 패턴을 단순 반영해서는 안 되며 분배 과정의 독립성을 보장해야 한다.[37]

여덟째, 가족관계와 사랑의 경우 누가 누구와 결혼할 수 있는지, 누가 누구와 사랑을 나눌 수 있는지 등 감정의 분배 문제도 분배 정의의 대상이 되며, 가족 안에서는 이타주의의 규칙이 적용되는 반면 가족 밖에서는 이러한 원칙이 적용될 수 없다.[38]

아홉째, 신의 은총은 신의 선물로 우리는 신이 누구에게 선물을 줄지, 어떤 이유로 선물을 줄지 알 수 없다.[39]

열째, 인정은 누구에게 명성을 부여하거나 불명예를 주는 것으로 경쟁에 의해 분배되어야 한다.[40]

마지막으로, 정치 권력은 "분배 정의의 핵심적 매개 수단 agency"으로 특정 재화의 "전제"를 막는 수단인 동시에 "그 자체가 전제적이 될 수 있다." 따라서 정치 권력이 분배 영역을 가로질러 다른 재화의 분배를 지배하지 못하도록 정치 권력의 '전환 가능성'을 제한해야 한다. '돈으로 살 수 없는 것'이 존재하듯이 "정치 권력이 할 수 없는 일들"이 존재하며, 노예화, 결혼에 대한 통제, 사적 관계 및 가족 관계에 대한 간섭, 사법 체계에 대한 간섭, 정치 권력의 매매, 소수자 차별, 사유 재산 침해, 종교에 대한 간섭, 학문적 자유에 대한 침해, 검열 등을 해서는 안 된다.[41] 이러한 제한과 함께 정치 권력의 분배는 토론과 설득에 의해 운영되는 민주주의를 통해 이루어져야 한다.[42]

||,||
개천에서 용이 나오려면

왈저의 '다원주의적 정의론'은 롤스의 정의론을 비현실적·추상적이라고 비판하며 공정한 분배의 기준이 사회마다, 그리고 분배 영역마다 다를 수 있다고 주장한다. 왈저에 따르면, 모든 분배에 보편적으로 적용 가능한 '오직 하나'의 기준 또는 '오직 하나'의 분배 체계는 존재하지 않으며 각각의 분배 영역에 특수한 복수의 기준이 존재할 뿐이다. 왈저는 또한 다양한 재화가 공존하는 다원주의 사회에서 정의론의 목표가 특정 재화의 '전제'를 막고 '복합 평등'을 실현하는 것이 되어야 한다고 주장한다. 즉 돈이나 권력과 같이 전환 가능성이 높은 재화들이 다른 분배 영역에 침투해 다른 재화의 분배에 영향을 미치지 못하도록 이들의 전환 가능성을 제한하고 각 분배 영역이 자율성을 가질 수 있도록 만들어야 한다.

이처럼 분배 기준의 다양성과 전제의 철폐를 요구하는 왈저의 정의론은 우리 사회의 공정 담론이 지향해야 할 방향과 관련하여 몇 가지 중요한 시사점을 제공한다. 첫째, 왈저의 정의론은 우리 사회가 공정 문제에 접근할 때 '프로크루스테스의 침대'처럼 특정한 하나의 획일적 기준을 고집할 것이 아니라 재화의 성격에 따라, 그리고 분배 영역의 특성에 따라 다양한 기준을 적용해야 함을 시사한다. 최근 우리 사회에서 전개되고 있는 공정 관련 논의를 살펴보면 많은 경우 이러한 다양성을 부정하고 '오직 하나'의 기준 또는 '오직 하나'의 분배 체계만을 공정한 것으로 주장하는 경향이 나타나고 있다. 예를 들어 대학 입시나 취업 시장에서 '기회 균등'과 '공정 경쟁'의 중요성이 부각되면서 이러한 기준을 다른 모든 분배 영역에서도 '금과옥조'처럼 떠받드는 움직임이 일부에서 나타나고 있다. '필요'에 비례하여 차등적으로 분배하거나, 사회 전체적인 차원에서 정의 실현을 위해 사회적 약자를 좀 더 배려한다거나, 또는 더 많은 기회를 부여하는 것에 대해 '기회 균등'의 잣대를 들이대며 무조건적으로 '불공정'하다고 비난하는 흐름이 일부에서 나타나고 있다. 왈저의 정의론은 이러한 경향이 다원주의 사회의 공정 담론으로 부적합할 수 있다는 점을 시사한다. 재화의 성격과 분배 영역의 특성에 따라 '기회 균등'과 '공정 경쟁'의 기준이 적용되어야 할 영역도 존재하지만 '필요'나 공동체의 '자기 결정' 등 다른 기준이 적용되어야 할 영역도 분명히 존재한다.

둘째, 특정 재화의 '전제'를 철폐하고 분배 영역의 자율성을 보장함으로써 '복합 평등'을 실현해야 한다고 주장하는 왈저의 정의론은 우리 사회가 특정 재화의 '전제', 특히 자본주의 사회에서 다른 재화로의 전환 가능성이 가장 높은 재화인 돈의 '전제'를 막고 각 분배 영역의 자율성을 높여야 함을 시사한다. 신자유주의의 확산과 함께 시장의 역할이 증가하면서 우리 사회 또한 다른 자본주의 사회에서와 마찬가지로 돈의 영향력이 크게 증가하고 있다. 이에 따라 과거 '돈으로 살 수 없는 것'으로 간주되었던 많은 것들이 시장에서 구매 가능한 것으로 변환되었고, 돈의 지배력이 증가하면서 왈저가 '시장 제국주의'로 부르는 위험이 곳곳에서 나타나고 있다. 특히 교육 영역의 경우 과거에는 돈의 지배로부터 어느 정도 자율성을 유지하고 있었지만, 최근 들어 점차 자율성이 줄어드는 모습을 보여주고 있다. '개천에서 용이 나오는 것'은 점점 더 어려워지고 있으며, '있는 집 자식들이 공부마저 잘하는' 경향이 고착화되고 있다. 왈저의 정의론은 우리 사회가 이러한 돈의 '전제'를 막기 위해 좀 더 노력해야 함을 시사한다. 단지 돈을 더 많이 가졌다는 이유만으로 명예와 권력, 기회와 복지 등이 더 많이 분배되지 않도록 각 분배 영역의 자율성이 증대되어야 한다.

6장

소수자 우대 제도는 공정한가

"억압과 지배의 철폐는 불공정해도 정의롭다"

영

아이리스 영 Iris M. Young

"우리 시대의 가장 창의적이고 영향력 있는 정치 이론가 중 한 명"으로 꼽히는[1] 아이리스 영은 정의론뿐만 아니라 진보적 입장에서 민주주의와 소수자 인권, 페미니즘을 연구한 학자로 잘 알려져 있다. 대표작인 『정의와 차이의 정치』는 '분배 패러다임'을 넘어 정의론의 대상에 구조적 억압과 지배의 문제를 포함함으로써 정의론의 새 지평을 연 것으로 평가받고 있다.

1949년	미국 뉴욕 출생
1970년	뉴욕시 퀸스칼리지 철학학사
1974년	펜실베니아주립대학 철학박사
1974~1991년	우스터과학기술원·마이애미대학 교수
1991~2000년	피츠버그대학 공공국제대학원 교수
2000~2006년	시카고대학 정치학과 교수
2006년	57세의 나이에 식도암으로 사망

주요 저서: 『정의와 차이의 정치Justice and the Politics of Difference』(1990), 『교차하는 목소리 Intersecting Voices』(1997), 『포용과 민주주의Inclusion and Democracy』(2000), 『여성 몸의 경험에 관하여On Female Body Experience』(2004), 『정의를 위한 정치적 책임Responsibility for Justice』(2011)

할당제에 대한 위험한 생각

우리나라는 여성에 대한 구조적 억압과 차별을 적극적으로 철폐하고 여성의 사회진출을 활성화하기 위해 '비례대표 여성 할당제', '여성임원 할당제', '국공립대 여성교수 할당제' 등을 시행하고 있다. 우선 비례대표 여성 할당제는 2000년 제16대 총선을 앞두고 비례대표 후보자에 대해 30% 여성 할당을 권고하는 방식으로 처음 채택되었고, 이후 제17대 총선부터 현행과 같이 50% 여성 할당을 의무화하는 방식으로 시행되고 있다. 이러한 할당제 도입의 결과 제15대(1996~2000) 국회에서 299명 중 9명(3%)에 불과했던 여성 국회의원 비율이 제21대(2020~2024)에서는 300명 중 57명(19%)으로 증가했다. 그러나 아직까지 우리나라 여성 국회의원 비율은 다른 선진국인 경제협력개발기구Organization for Economic Co-operation and Development(이하 OECD) 회원국들에 비해 매우 낮은 수준이다. 국회입법조사처가 2020년 1월 발표한「여성 정치대표성 강화방안」보고서에 따르면, 2017년 기준 우리나라의 여성 국회의원 비율은 17%인 반면 OECD 회원국의 여성 국회의원 비율 평균은 28.8%로 한국보다 비율이 낮은 국가는 36개 회원국 중 라트비아, 칠레, 터키, 헝가리, 일본 등 5개국에 불과하다.

한편 국회는 2020년 1월 '자본시장과 금융투자업에 관한 법률'을 개정하여 상장 대기업 이사회에 여성 또는 남성 이사를 최소 한 명 이상 두도록 의무화했다. 여성가족부가 2021년 8월 5일 발표한 자료에 따르면, 2021년 1분기 기준 사업보고서를 제출한 상장법인(2,246개)의 여성 이사 비율은 5.2%이며, 자산총액 2조 원 이상 대기업(152개)의 여성 이사 비율은 5.7%다. 특히 152개 대기업 가운데 85개 기업은 최소 한 명 이상의 여성을 등기이사로 선임하고 있으나 67개 기업은 아직 한 명도 선임하지 않은 것으로 나타났다. 국회는 또한 2020년 1월 '교육공무원법'을 개정하여 국공립대 교원 중 특정 성별이 4분의 3을 초과하지 못하도록 의무화했다. 이 법의 시행에 따라 국공립대는 2020년 기준 17.9%에 불과한 여성 전임교원 비율을 2030년까지 25%로 확대해야 한다.

여성 할당제 관련 법안

◦ 비례대표 여성 할당제

공직선거법 제47조(정당의 후보자추천) 제3항: 정당이 비례대표국회
의원선거 및 비례대표지방의회의원선거에 후보자를 추천하는 때에는
그 후보자 중 100분의 50 이상을 여성으로 추천하되, 그 후보자명부
의 순위의 매 홀수에는 여성을 추천하여야 한다. (개정, 2005년 8월 4일)

공직선거법 제47조(정당의 후보자추천) 제4항: 정당이 임기만료에
따른 지역구국회의원선거 및 지역구지방의회의원선거에 후보자를
추천하는 때에는 각각 전국지역구총수의 100분의 30 이상을 여성으
로 추천하도록 노력하여야 한다. (신설, 2005년 8월 4일)

◦ 여성임원 할당제

자본시장과 금융투자업에 관한 법률(자본시장법) 제165조의20(이
사회의 성별 구성에 관한 특례): 최근 사업연도말 현재 자산총액[금융
업 또는 보험업을 영위하는 회사의 경우 자본총액(재무상태표상의
자산총액에서 부채총액을 뺀 금액을 말한다) 또는 자본금 중 큰 금
액으로 한다]이 2조 원 이상인 주권상장법인의 경우 이사회의 이사
전원을 특정 성(性)의 이사로 구성하지 아니하여야 한다. (신설, 2020년 2월
4일)

◦ 국공립대 여성교수 할당제

교육공무원법 제11조의5(양성평등을 위한 임용계획의 수립 등) 제3
항: 국가는 국가가 설립·경영하는 전체 대학 교원 중 특정 성별이 4분

의 3을 초과하지 아니하도록 노력하여야 한다. 이 경우 교원의 성별 구성에 관한 연도별 목표 비율은 대통령령으로 정한다. (신설, 2020년 1월 29일)

우리나라는 또한 장애인의 고용 기회 확대를 위해 '장애인 고용촉진 및 직업재활법' 제27조(국가와 지방자치단체의 장애인 고용 의무)와 제28조(사업주의 장애인 고용 의무)에 따라 장애인 고용의무제도를 시행하고 있다. 이 법은 국가·지방자치단체와 50명 이상 고용하고 있는 공공기관·민간기업 사업주에게 2022년 기준 국가 및 지자체, 공공기관은 전체 피고용 인원의 3.6% 이상을, 민간기업은 전체 피고용 인원의 3.1% 이상을 의무적으로 장애인을 고용하도록 강제하고 있으며, 고용의무 미준수 시 해당 월 고용의무 미달인원 1인당 최대 월 182만 2,480원을 장애인 고용부담금으로 납부하도록 강제하고 있다.

이외에 지방대학 출신 인재들의 취업 기회를 확대하고 국가 균형 발전을 도모하기 위해 5·7급 국가공무원 공채 시험과 외교관후보자 선발시험 가운데 선발 예정 인원이 10명 이상인 시험 단위에서 지방인재, 즉 서울시를 제외한 지방소재 학교 출신 합격자가 일정 비율(5급과 외교관후보자는 20%, 7급은 30%)에 미달할 경우 선발 예정 인원 외에 추가로 지방인재를 선발하는 '지방인재 채용목표제'를 시행하고 있으며, 학교 추천을 통해 지방소재 4년제 대학 또는 특성화고·마이스터고 졸업(예정)자를 선발하여 1년 또는 6개월간 수습근무 후 각각 일반직 7급과 9급 국가공무원으로 임용하는 '지역인재 채용목표제'를 시행하고 있다.

그렇다면 이러한 우대 제도, 특히 채용이나 승진 등에서 특정 집단에 속한 사람을 일정 비율 이상 선발하도록 법으로 강제하는 할당제는 공정한가? 능력주의가 공정의 주요 논거로 부상하면서 20대 남성을 의미하는, 이른바 '이대남'과 일부 보수 진영 인사들을 중심으로 할당제, 특히 여성 할당제에 대한 반대 목소리가 높아지고 있다. 이준석 국민의힘 전 최고위원은 2021년 5월 국민의힘 당대표 경선에 출마하면서 "실력만 있으면 어떠한 차별도 존재하지 않도록" 하는 것이 공정이라고 주장하며 여성, 청년, 호남을 우대하는 할당제 폐지를 공약으로 내세웠다. 반면 이재명 전 경기도지사는 2021년 12월 21일 샌델 교수와 진행한 온라인 대담에서 "소수자와 취약계층을 위한 할당제를 폐지하자는 이야기"는 "능력주의가 심각한 불평등을 야기하는 불공정 그 자체"일 수 있다는 점을 인식하지 못하는 "위험한 생각"이라고 주장하며 지역, 연령, 성별에 근거한 할당제의 필요성을 강조했다. 두 입장 모두 어느 정도 설득력이 있어 어느 하나의 입장만을 옳다고 볼 수는 없다. 다만 여기서는 구조적 억압과 지배의 철폐를 정의로 규정하는 영의 관점에서 소수자를 배려하는 할당제가 분배 측면에서는 불공정하지만, 좀 더 거시적인 측면에서 특정 집단에 대한 편견과 억압을 약화시키는 데 기여한다는 점에서 정의로울 수 있음을 보여주려 한다. 대표작인 『정의와 차이의 정치』[2]를 중심으로 롤스와 롤스 이후 정의론의 '분배 패러다임'에 대한 영의 비판부터 살펴보자.

|,,|
핵심은 분배가 아니다

영에 따르면, 롤스 이후 대부분의 현대 정의론은 정의의 문제를 소득과 부, 자원 등과 같은 물질적 재화와 권리, 기회, 권력 등과 같은 비물질적 재화, 그리고 이러한 물질적·비물질적 재화를 가져다주는 각종 지위와 직위 등을 공동체 구성원에게 어떻게 얼마만큼 분배하는 것이 공정하고 정의로운가의 문제로 접근한다. 앞서 살펴보았듯이 롤스는 불평등 완화를 위한 소득과 부의 재분배를, 노직은 재산 취득 기회와 자유지상주의적 권리의 평등한 분배를, 드워킨과 센은 자원과 역량(물론 센은 역량의 평등만으로 충분하지 않다고 지적하고 있지만)을 공정하게 분배하는 것을 정의로 규정한다. 왈저 또한 재화의 성격에 따라 분배 기준이 다양할 수 있다는 점을 인정하면서도 기본적으로 재화를 구성원에게 공정하게 분

배하는 것을 정의로 규정한다. 영은 이처럼 분배 문제에 초점을
맞춘 기존 정의론의 "분배 패러다임distributive paradigm"이 빈부격차
문제 등 현대 사회가 직면한 다양한 사회 문제의 해결에 기여할
수 있음을 인정한다.

> 개인들이 접근할 수 있는 물질적 재화의 양의 차이가 엄청나서 수
> 백만 명이 굶주림에 빠져 있을 때 다른 사람들은 원하는 모든 것
> 을 가질 수 있는 사회와 세계 안에서 정의론은 마땅히 물질적 재
> 화의 분배 문제를 다루어야 한다. 극심한 빈곤으로 고통받고 있
> 는 사람들에게 기초적인 물질적 재화를 즉각적으로 제공하는 것
> 은 세계를 보다 정의롭게 만드려는 정책이라면 당연히 최우선적
> 으로 고려해야 한다. 빈곤 문제 해결을 위해 분배와 재분배를 고
> 려해야 함은 명백하다.[3]

영은 그러나 모든 정의의 문제를 "오로지exclusively" 분배의
관점에서만 접근하는 것은 바람직하지 못하다고 주장한다. 분배
문제가 중요하지만 정의는 분배뿐만 아니라 이를 넘어선 더 많은
문제를 포괄한다. 예를 들어 어느 농촌 마을 인근에 갑작스럽게
대규모 폐기물 처리시설이 들어서는 것을 반대하는 주민들이나
아무런 사전 통지 없이 일방적으로 공장 폐쇄를 결정한 대기업에
반대하는 노동자들에게 정의의 문제는 물질적 재화를 어떻게 분

배하느냐가 아니라 의사결정 과정이 어떻게 이루어져야 하는가에 관한 문제다. 이들에게는 물질적 분배 정의보다 의사결정 권력과 절차의 정의가 더 중요하다. 또한 TV나 영화에서 흑인을 주로 범죄자, 매춘부, 사기꾼 등으로 묘사하는 것처럼 특정 인종을 상투적 고정관념에 따라 묘사하는 미디어에 대한 분노는 물질적 분배의 부정의에 대한 분노라기보다는 문화적 이미지와 상징에서 나타나는 부정의에 대한 분노다.[4]

분배 패러다임은 그러나 분배 이외의 영역에서 나타나는 이러한 사회구조 또는 제도와 관련된 문제를 무시한다. "우리 사회에는 일차적으로 소득, 자원, 지위 등의 분배에 관한 것이 아닌 정의와 부정의 주장들이 상당수 존재한다. [그러나] 물질적 재화와 자원의 분배에 초점을 맞춘 분배 패러다임은 사회구조와 제도적 맥락을 평가 대상으로 삼지 않기 때문에 정의의 영역을 부당하게 제한한다."[5] 더 큰 문제는 분배 패러다임이 단순히 제도적 맥락을 무시할 뿐만 아니라 특정 사회구조와 제도를 당연시하고 은폐한다는 점이다.

[분배 패러다임은] 분배를 발생시키는 제도적 맥락 그리고 일자리와 부의 분배 패턴을 야기하는 원인으로, 적어도 부분적인 원인으로 작동하는 제도적 맥락을 무시하고 은폐하는 경향이 있다. (……) 여기서 제도적 맥락은 직장뿐 아니라 국가, 가정, 시민사회

같은 제도에 존재하는 구조와 실천 행위를 포함하며, 이러한 구조와 행위를 향도하는 규칙들과 규범들은 물론 그 속에서 이루어지는 사회적 상호작용을 매개하는 언어와 상징들까지도 포함한다. (……) 사회 정의에 관한 많은 논의들이 이런저런 분배를 발생시키는 제도적 맥락을 무시하고 있을 뿐만 아니라 특정한 제도적 구조를 전제한다. 그러면서 이 제도적 구조 자체의 정의는 평가 대상으로 삼지 않는다.[6]

분배 패러다임은 또한 분배 논리를 적용하지 말아야 할 재화들에까지 분배 논리를 확대·적용함으로써 쟁점을 호도한다. 영은 권력을 독점한 소수의 개인과 집단으로부터 권력을 빼앗아 '공정하게' 재분배한 경우에도 사회의 구조와 제도 자체가 일종의 권력이 되어 개인을 억압하고 지배할 수 있다고 주장하며, 권력을 단지 분배 대상으로만 파악하는 분배 패러다임을 비판한다. 권력은 소수에게 집중되어 있을 때뿐만 아니라 여러 사람에게 분산된 상황에서도 작동할 수 있으며 때로는 권력의 주체가 부재한 상황에서도 억압과 지배의 메커니즘으로 작동할 수 있다. 분배 패러다임은 권력을 소유와 분배의 대상으로만 접근하여 권력의 작동 방식, 특히 사회구조와 제도가 억압과 지배의 기제로 작동할 때 나타나는 권력의 작동 방식을 무시한다.[7]

이러한 이유로 영은 정의론이 분배 패러다임에서 벗어나

보다 거시적인 차원에서 구조적 억압과 지배의 문제에 초점을 맞춰야 한다고 강조한다. 영에 따르면, 정의가 포괄하는 영역은 단순한 분배 공정성보다 범위가 넓으며 우리가 추구하는 다양한 정의의 가치를 실현하는 데 필요한 "제도적 조건institutional conditions"을 만드는 것이 정의의 핵심이다. 특히 가장 일반적인 형태의 부정의injustice, 즉 "개인들의 자기 발전self-development을 막는 제도적 제약으로서 억압oppression"과 "개인들의 자기 결정self-determination을 막는 제도적 제약으로서의 지배domination"를 철폐하고, 첫째, 개인들이 자신의 역량을 개발하고 발휘할 수 있도록 제도를 만드는 것, 둘째, 개인들이 자신의 행동과 행동의 조건을 결정하는 의사결정 과정에 참여할 수 있도록 제도를 만드는 것이 중요하다. 즉 억압과 지배를 철폐하고 자기 역량 개발과 의사결정 참여가 가능한 제도를 만드는 것이 정의다.[8]

억압의 철폐

억압은 지배와 함께 부정의의 일반적인 형태로 사람들이 "자신의 역량을 개발하여 발휘하지 못하도록 금제禁制하거나 자신의 필요나 생각, 느낌을 표현하지 못하도록 금제하는 제도적 조건"을 의미한다. 영은 이러한 억압이 분배 부정의, 즉 분배 불공정을 포

함할 수도 있고, 분배 불공정의 원인으로 작동할 수도 있지만 그
렇다고 반드시 분배 불공정과 동일한 것은 아니며 분배를 넘어
선 이슈들과 관련되어 있다고 강조한다.[9] 또한 억압이 독재 치하
공산주의 체제나 과거 남아프리카공화국의 아파르트헤이트
apartheid처럼 의도적으로 가해지는 폭정의 형태로 나타날 수도 있
지만, 때로는 미국과 같은 자유주의 사회의 일상생활 인간관계에
서 가해자 본인도 의식하지 못하는 무의식적인 행동이나 반응의
형태로, 또는 특정한 가해자가 존재하지 않는 상황에서 사회구조
나 제도 자체가 억압 기제로 작동하는 형태로 나타날 수 있다고
주장한다. 이처럼 일상생활 행동방식을 규정하는 사회구조 또는
제도에 내재되어embedded 있는 억압을 영은 구조적 억압이라 부른
다. 영에 따르면, 이러한 억압은 "경제적·정치적·문화적 주요 제
도들 속에서 체계적으로 재생산"된다는 점에서 단순히 지배자를
축출하거나 새로운 입법을 통해 철폐할 수 없으며 좀 더 근본적
인 해결 방식이 필요하다.[10] 그렇다면 어떠한 방식으로 이러한 구
조적 억압을 철폐하고 정의를 실현할 것인가? 억압의 '다섯 가지
모습'을 중심으로 영이 제시하는 해결책을 살펴보자.

　　미국 사회에서 소수자 집단을 구성하는 여성, 흑인, 치카노
Chicano(미국에서 태어난 멕시코계 미국인), 푸에르토리코인, 기타 히스패
닉계 미국인, 아메리칸 인디언, 유대인, 레즈비언, 게이, 아랍인, 아
시아인, 노인, 노동계급, 신체적·정신적 장애인 등이 현실에서 직

면하는 억압은 집단의 특성에 따라 다양한 양상으로 나타난다.[11] 영은 『정의와 차이의 정치』에서 이들 피억압 집단이 일상생활에서 직면하는 억압의 양상을 구체적으로 착취exploitation, 주변화 marginalization, 무력화powerlessness, 문화제국주의cultural imperialism, 폭력 violence 등 다섯 가지 범주로 나눠 설명한다.

첫째, 착취는 특정 집단이 다른 집단이 생산한 가치를 정당한 대가 없이 빼앗는 것으로, 마르크스주의자들이 계급 관계를 설명할 때 주로 사용하는 개념이다. 영은 이러한 착취 개념의 적용 범위를 확장하여 단순히 자본가와 노동자 계급 사이뿐만 아니라 다양한 사회관계에서 착취가 나타날 수 있다고 강조한다. 예를 들어 가정에서 여성이 상응하는 사회적 인정과 대가를 받지 못한 채 가사 노동을 전담할 경우 이를 착취 관계로 볼 수 있다. 또한 가부장제가 뿌리 깊게 자리 잡은 사회에서 여성이 농업 노동과 양육 노동을 전담하고 이러한 노동으로부터 나온 혜택을 남성이 독차지할 경우 이 또한 착취 관계로 볼 수 있다.[12] 비슷한 맥락에서 백인과 흑인 사이 인종 관계에서도 착취 관계가 나타날 수 있다. 즉 백인은 고소득이 보장된 숙련된 직종에 주로 종사하고 흑인은 "호텔 벨보이, 짐꾼, 객실 청소부, 식당의 접시 닦기"처럼 "자율성이 결여된 채 굽실거리는, 비숙련 저임금"의 "비천한 노동 menial labor"에 주로 종사하는 미국의 노동시장 구조 또한 일종의 착취 관계로 볼 수 있다.[13] 이러한 "젠더 착취"와 "인종 착취" 구조는 물질적 재화의 재분배만으로는 제거될 수 없다. 왜냐하면 일상생활에서 "제도화된 실천 관행institutionalized practices과 구조적 관계가 변하지 않고 그대로 남아 있는 한" 이익의 불평등 분배는 지속되기 때문이다. 따라서 착취를 철폐하고 사회 정의를 실현하기 위해서는 "의사결정 제도와 실천 관행을 재조직하고, 노동 분업 구조를 바꾸고, 제도·구조·문화를 바꾸는 조치들이 필수적으로 요구된다."[14]

둘째, 주변화는 미국 사회에서 착취보다 더 일반적인 형태로 나타나는 인종 억압으로서 "노동 시스템이 사용할 수 없거나 사용하지 않으려는 사람들"을 "주변인marginals"으로 만들어 노동 시스템의 주변부로 밀어내는 것이다. 영은 미국 사회의 흑인과 라티노(남미 출신 미국인과 이주민), 자치 구역에 거주하는 아메리칸 인디언처럼 주변인의 많은 경우 인종적으로 구분되지만 항상 그런 것은 아니라고 주장한다. 미국 사회에서 고령 노인 또는 고령은 아니지만 직장에서 퇴출된 후 새 직장을 찾지 못한 사람, 일자리를 구할 수 없는 청년, 싱글맘과 그 자녀, 비자발적 실업자, 지적장애인과 신체장애인 등도 모두 주변인에 포함된다. 이들 주변인은 "유용한 사회생활에서 추방되어 잠재적으로 심각한 물질적 궁핍과 심지어는 절멸에 몰릴 가능성"이 있으며, 많은 경우 시민으로서 동등한 자유와 권리를 누리지 못한다는 점에서 주변화는 "가장 위험한 형태의 억압"일 수 있다.[15] 그러나 이러한 주변화의 억압은 단순히 물질적 재화의 재분배만으로는 해결될 수 없다. 많은 노인들이 편안하게 먹고살 수 있는 충분한 물질적 수단을 갖추고 있음에도 주변적 지위로 인해 여전히 억압의 상태에 머물러 있다. 따라서 주변화 문제를 해결하기 위해서는 물질적 재화의 재분배도 중요하지만, 사람들이 "인정과 상호작용의 환경 속에서 자신의 역량을 발휘할 수 있도록 문화적 조건들과 실천적 조건들, 제도화된 조건들"을 만들어가는 것이 중요하다.[16]

셋째, 무력화는 사람들로부터 자신의 삶과 행동의 조건에 영향을 미치는 의사결정에 참여할 수 있는 권리를 박탈하거나 제한하는 것이다. 미국 사회의 경우 비숙련·비전문적 노동에 종사하는 많은 사람들이 이러한 권리를 박탈당하거나 제한당한 "무력한 자the powerless"에 포함된다. 직장에서 일할 때 이들 무력한 자는 "명령에 무조건 따라야 하지만 명령을 내릴 권리는 거의 갖고 있지 못하며", "일의 자율성이 거의 없거나 전혀 없고, 자신들의 일에서 창의성을 발휘하거나 독자적 판단을 내릴 일이 거의 없으며, 기술적 전문성이나 권위도 전혀 없고, 특히 공적 환경이나 공무원 앞에서 자신을 표현할 때 서투르며 존중받지 못한다." 즉 이들은 전문직 노동자가 갖는 "권위, 지위, 자긍심sense of self"이 없다. 또한 이러한 전문직과 비전문직의 차이는 직장을 넘어 삶의 양식 전체로까지 확장된다. 전문직 노동자는 호텔이나 식당, 은행 같은 일반 공공장소에서도 "정중하게" 대접받고, 이들과 연관된 의상이나 발언, 취향과 행동 방식은 "품위 있는 것respectability"으로 존중받지만, 비전문직 노동자는 전문직 노동자가 누리는 이러한 대접을 누릴 수 없다. 이처럼 비전문직 노동자가 일상생활에서 직면하는 다양한 형태의 차별과 억압을 해결하기 위해서는 단순히 물질적 재화의 재분배만으로는 불충분하며 근본적으로 사회의 노동 분업 구조를 바꿔야 한다.[17]

넷째, 문화제국주의는 "사회의 지배적 의미들이 특정 집단에 상투적인 스테레오타입 이미지를 결부시키고 타자the Other화하여 특정 집단이 갖는 특수한 관점을 보이지 않게 만드는 것"이다. 즉 지배 집단의 경험과 문화를 보편화하고 그 사회의 "유일한 규범the norm" 또는 "정상적인normal 것"으로 확립하는 대신 다른 집단의 경험과 문화는 "정상에서 벗어난 열등한 것deviance and inferiority"으로 규정함으로써 이들 집단에 "타자"라는 표지를 붙이고 궁극적으로는 이들을 "보이지 않는invisible" 존재로 만든다. 문화제국주의는 또한 "게이는 성생활이 문란하고, 아메리칸 인디언은 알코올 중독자이며, 여성은 아이를 잘 다룬다"는 담론에 나타나는 바와 같이 "문화제국주의의 지배를 받는 사람들the culturally imperialized"을 상투적인 스테레오타입과 결부시키고, 이를 사회 구성원 사이에 당연한 것으로 받아들이게 하여 결국에는 이러한 고정관념에 의해 피해를 입는 사람들조차도 이를 내면화하고 스스로를 열등한 존재로 인식하게 만든다.[18] 이처럼 특정 집단을 타자화하고 열등한 존재로 규정하는 문화제국주의를 철폐하기 위해서는 "문화에 대한 토론이 활발해 질 수 있도록 제도적 수단을 제공하고 대안적 문화 실험과 놀이가 가능할 수 있도록 모임과 미디어를 만듦으로써" 지배 문화 자체를 바꾸는 "문화혁명cultural revolution"을 추구해야 한다.[19]

다섯째, 폭력은 특정 집단 구성원을 대상으로 하는 직접적인 신체적·물리적 공격뿐만 아니라 이들을 "비하하고, 모욕하고, 낙인찍을 목적으로 괴롭히고, 위협하고, 조롱하는 행위"를 포함한다. 미국 사회에서 상당수의 흑인, 여성, 아시아인, 아랍인, 게이, 레즈비언 등이 이러한 폭력의 위험 속에 살아가고 있고, 폭력 발생 빈도도 증가하고 있음에도 대다수 정의론은 이에 침묵하고 있다. 영은 정의론이 폭력 문제를 심각한 부정의로 받아들이고 이에 더 많은 관심을 기울여야 한다고 주장한다. 특히 폭력 행위 자체도 문제지만 그러한 폭력 행위를 가능하게 하고 심지어는 "받아들일 수 있는acceptable" 것으로 만드는 "사회적 맥락social context"이 더 큰 문제이며 폭력을 단순히 "개인의 도덕적 잘못"으로서가 아니라 "체계적systemic 성격을 갖는 사회 부정의의 한 현상"으로 봐야 한다. 영에 따르면, 이러한 폭력은 "특정 집단 구성원에게 단지 이들이 특정 집단 구성원이라는 이유만으로 가해진다"는 점에서 체계적이다. 흑인 남성은 자신이 어떻게 살아왔는지와 상관없이 언제든 물리적 공격과 괴롭힘에 피해를 입을 수 있다는 사실을 인지하며 살아가야 한다. 이처럼 "특정 집단에 속하는 정체성을 가지고 있다는 이유만으로 자신과 가족 그리고 친구들이 언제든 공격받을 수 있다는 위협 속에서 살아간다는 것 자체가 자유와 존엄성을 박탈"하는 억압이다. 그리고 이러한 체계적 폭력 문제를 해결하기 위해서는, 자원과 지위의 재분배가 필요할 수도 있지만, 근본적으로는 "특정 집단 구성원들에 대한 폭력 행위를 부추기고, 관용하고, 가능하게 만드는 제도와 사회적 실천 관행social practice"을 바꿔야 한다.[20]

이러한 억압의 다섯 가지 측면은 어떤 개인 또는 집단이 억압받고 있는지를 판별하는 기준으로 활용될 수 있으며, 특정 집단이 다섯 가지 억압 가운데 하나의 억압만을 경험하더라도, 그 집단을 억압받는 집단이라 부르기에 충분하다. 다만 현실에서 나타나는 억압의 양상은 복합적이기 때문에 각각의 피억압 집단이 경험하는 억압은 다섯 가지 억압의 조합에 따라 다양한 형태로 나타나며, 특정 집단 내부에서도 개인별 차이가 존재하기 때문에 특정 개인이 경험하는 억압의 양상은 다르게 나타날 수밖에 없다고 영은 강조한다.

예를 들어 노동 계급에 속한 사람들은 착취당하고 무력화된 상황에 있지만 이들 가운데 취업한 백인들은 [같은 노동 계급이더라도] 주변화와 폭력을 경험하지는 않는다. 반면 게이 남성은 착취

당하거나 무력화의 억압을 당하지는 않지만, 게이라는 이유로 심각한 문화제국주의와 폭력을 경험한다. 마찬가지로 집단으로서 유대인과 아랍인은 문화제국주의와 폭력의 희생자이며, 일부는 착취와 무력화의 억압으로 고통받고 있다. 노인은 주변화와 문화제국주의의 억압을 받고 있으며, 신체장애인과 지적장애인의 경우도 마찬가지다. 하나의 집단으로서 여성은 젠더에 기반한 착취와 무력화, 문화제국주의와 폭력의 억압을 받고 있다. 또한 미국의 인종차별주의는 많은 흑인들과 라티노를 주변화하며, 설령 일부가 주변화에서 벗어났더라도 더 많은 위험에 처하게 만든다. 실제로 흑인과 라티노 집단의 구성원들은 종종 다섯 가지 억압 모두로부터 고통받고 있다.[21]

정의를 분배의 문제로만 접근하는 분배 패러다임은 피억압 집단이 현실에서 직면하는 다양한 억압을 무시한다. 물론 이러한 억압 가운데 일부는 분배 문제와 직간접적으로 연관되어 있지만, 그렇다고 단순히 분배 문제로 환원될 수 없다. 억압의 다섯 가지 모습은 모두 분배를 넘어서 사회구조 및 사회관계와 연관되어 있다.[22] 따라서 이를 철폐하고 정의를 실현하기 위해서는, 물질적 재화의 재분배를 통해 분배 공정성을 바로잡는 것도 중요하지만, 좀 더 근본적인 차원에서 노동 분업 구조를 바꾸고, 의사결정 제도와 실천 관행을 재조직하며, 사회 전체적인 차원에서 제도·구조·문화를 바꿔야 한다. 정의는 제도적·구조적·문화적 변화를 통해 착취, 주변화, 무력화, 문화제국주의, 폭력 등의 구조적 억압을 철폐하는 것이다. 다음에서는 억압과 함께 영이 부정의의 주요 형태로 제시하는 지배 문제에 초점을 맞춰 영의 정의론을 살펴보자.

|ı.ı|

지배의 철폐

지배는 "사람들로 하여금 자신의 행동과 행동의 조건을 결정하는 데 참여하지 못하도록 금제하는 제도적 제약 조건들"을 의미한다. 어떤 사람이 제도적 조건으로 인해 자신의 행동과 관련된 일을 스스로 결정하지 못하거나 결정 과정에 참여하지 못하고 배제된 채 다른 사람이나 집단이 그 사람의 행동과 행동 조건을 직접적으로든 간접적으로든 결정한다면, 그 사람은 지배의 구조 하에 있다. 이러한 지배 개념은 억압 개념에 포함되거나 함축되고, 때론 억압 개념과 중첩되지만(실제로 억압의 다섯 가지 모습 가운데 무력화는 지배와 개념적으로 유사하다), 그렇다고 두 개념이 항상 일치하는 것은 아니다. 예를 들어 미국 사회에서 대부분의 사람들이 직장 또는 그 밖의 조직 내부의 "위계적인 의사결정 구조 때문에 자신들의 삶의 중요한 측면에서 지배하에 있지만, 이들 중 많은 사람들이 자기 역량을 개발하고 발휘할 수 있는, 그리고 자신을 표현할 수 있는 제도적 지원을 받고 있다"는 점에서 억압 상태에 있는 것은 아니다.[23] 그렇다면 일상생활에서 지배를 철폐하고 정의를 실현하기 위해 무엇을 해야 하는가?

이와 관련하여 영은 사회 전체적으로 이해 당사자들이 공적 토론과 의사결정 과정에 참여할 수 있도록 민주주의를 확대해야 한다고 주장한다. 정의는 "모든 사람이 사회적으로 인정받는 환경 속에서 만족스러운 기술을 익히고 사용할 수 있고, 의사결정에 참여할 수 있으며, 사회 생활에 대한 자신의 느낌과 경험, 관점을 표현할 수 있는 제도적 조건"을 만드는 것으로, 이를 실현하기 위해서는 우선 사회적 생산에 대한 기여 여부에 상관없이 모든 사람에게 기본적 필요를 보장해주어야 한다. 의식주와 의료 보장 같은 기본적 필요가 충족되지 않는다면 사람들은 만족감을 주는 노동의 삶과 사회적 참여의 삶, 표현의 삶을 추구할 수 없다. 그러나 정의 실현을 위해서는 이러한 기본적 필요의 충족만으로는 불충분하며, 사람들이 자신의 행동에 직접적 영향을 미칠 수 있는 제도와 기관의 공적 토론과 민주적 의사결정 과정에 참여할 수 있어야 한다. 영에 따르면, "민주주의는 사회 정의의 필수요소이자 [사회 정의를 가능하게 하는] 조건"으로서 사회 정의를 실현하기 위해서는 "정부 기관뿐 아니라 사회 생활에서의 모든 기관, 예를 들어 생산과 서비스 기업, 대학, 자발적 단체 등에서" 공적 토론과 숙의 및 의사결정 과정에 참여할 수 있도록 이해 당사자들에게

권리와 기회를 보장해주어야 한다.[24]

　　이처럼 민주주의의 확대가 정의 실현을 위해 중요한 이유로 영은 민주주의가 "공중public이 어떤 결정을 내릴 때 그 결정의 내용 및 함의가 정의로운 결과를 실질적으로 가장 잘 증진할 수 있는" 제도적 조건이라는 점을 강조한다. "초월적인 규범적 진리에 접근할 수 있는 철학자 왕이 부재한 상황에서 어떤 정책이나 결정이 정의롭다고 주장할 유일한 근거는 이 정책과 결정이 모든 사람의 필요와 관점을 자유롭게 표현할 수 있는 공중이 내린 결정이라는 사실뿐이다." 즉 이해 당사자들의 참여를 바탕으로 민주적으로 결정되었다는 사실이 정당성의 유일한 근거가 된다. 물론 일부 민주주의 이론가들이 주장하듯이 영 또한 풀뿌리 시민들의 의사결정 참여가 때때로 정의롭지 못한 억압적 결과로 이어질 수 있다는 점을 인정한다. 그러나 민주주의의 기본 원칙을 쉽게 바꿀 수 없도록 이를 헌법에 명시하고 기본권을 보장하는 "입헌 민주주의constitutional democracy"가 지배를 철폐한다는 점에서 정의 실현의 필수요소라고 강조한다.[25] 요컨대 지배를 철폐하고 사람들이 자신의 행동과 행동의 조건을 결정하는 의사결정 과정에 참여할 수 있도록 권리와 기회를 보장하고 사회 전체적으로 민주주의를 확대하는 것은 그 자체로 정의다.

|₁₁|

차이의 인정과 정의

영은 분배 패러다임을 비판하며 정의를 기본적으로 억압과 지배의 철폐로 규정한다. 그리고 여기서 더 나아가 좀 더 적극적인 차원에서 정의 실현을 위해서는 "차이에 대한 인정", 특히 다양한 사회집단social group이 갖는 고유한 정체성과 역사·문화·전통의 차이에 대한 사회적 인정이 필요하다고 주장한다. 사회집단이란 "문화적 형식과 실천 관행 또는 삶의 방식으로 인해 적어도 하나의 다른 집단과 구별되는 사람들의 집합체collective"로 "비슷한 경험이나 삶의 방식 때문에 서로 특별한 친근함affinity을 갖는" 사람들의 무리다. 이러한 사회집단은 흑인이나 여성과 같이 피부색, 생물학적 성별 등 이런저런 속성을 공유할 뿐 아니라 "특정한 사회적 지위와 이러한 지위로 인해 나타나는 공통의 역사 그리고 이 집단을 하나의 집단으로 규정하는 자기 정체성"을 공유한다.[26] 현실에 존재하는 개인은 고립된 추상적 존재로서가 아니라 특정한 사회적 지위와 역사 및 정체성을 공유하는 사회집단의 구성원으로 존재하고, 때때로 자신의 의지와 상관없이 특정 집단에 속한다는 이유만으로 편견 또는 스테레오타입과 결부되기도 하면서 차별 및 배제의 대상이 되기도 한다.[27]

이처럼 사회집단이 현실 사회관계에 실재함에도 롤스는

'원초적 입장'이라는 가정을 통해 추상적으로 존재하는 개인에 초점을 맞춰 정의를 논한다. 영은 이러한 정의론이 현실에 실재하는 사회적 맥락과 사회관계, 특히 집단의 중요성을 무시한다고 비판하며 정의론이 집단의 정체성과 차이에 주목해야 한다고 강조한다.[28] 영에 따르면, 개인들이 특정 집단의 구성원으로서 갖는 정체성과 차이, 즉 "언어, 생활 스타일, 몸 행동거지와 제스쳐, 가치, 사회를 보는 관점의 차이"를 억압하고 부정denial하는 것은 부정의injustice다. 그러나 미국 사회에 존재하는 인종차별주의적·성차별주의적·동성애혐오증적·노인차별주의적·장애인차별주의적 제도와 행동은 흑인, 여성, 히스패닉, 게이, 레즈비언, 노인 및 기타 피차별 집단의 정체성과 차이를 무시하고 이들을 억압한다. 반면 백인 중산층 남성과 같은 몇몇 집단은 특권적 지위를 계속 유지한다.[29] 이러한 상황에서 정의를 실현하기 위해서는 집단 간 차이를 제거하고 모든 집단을 하나로 통일시키는 동화assimilation가 아니라 각 집단의 고유한 정체성을 존중하고 차이를 인정하는 "차이의 정치the politics of difference를 통한 해방"이 필요하다.[30] 그렇다면 어떠한 방식으로 피차별 집단의 차이를 인정하고 이들을 해방할 것인가?

영은 이와 관련하여 형식적 평등을 강조하며 동일한 기준과 규범에 따라 모든 집단을 "동등하게 대우equal treatment"하는 "집단 중립적group-neutral" 정책이 아니라, 개별 집단의 상황과 특성에 따라 예외를 인정하고 "특별한 권리special rights", 즉 "집단에 특화된 권리

group-differentiated rights"를 보장하는 "집단 의식적group-conscious" 정책이 필요하다고 강조한다.[31] 그리고 이러한 집단 의식적 정책의 필요성을 가장 잘 드러내주는 사례로 아메리칸 인디언 사례를 제시한다. 아메리칸 인디언의 경우 정의의 실현은 집단의 고유한 전통과 역사를 무시한 채 이들을 "미국인"으로 동화시키는 것이 아니라 종교·문화 등에서의 특권과 사법주권, 영토주권을 포함한 자치권을 보장해줌으로써 이들이 자신의 고유한 정체성과 문화를 유지하며 발전시킬 수 있도록 차이를 인정하는 것이다. 다시 말해 미국 시민으로서의 일반적 권리에 더해 아메리칸 인디언에 특화된 "특수한 권리particular rights"의 보장이 필요하다.[32]

영은 또한 집단 의식적 정책의 사례로 "적극적 차별시정조치 프로그램affirmative action program"의 필요성을 강조한다. 근대 계몽주의와 시민권 운동의 영향으로 특정 집단을 노골적으로 차별하는 정책은 대부분 사라졌지만 흑인, 유색인, 여성 같은 특정 집단을 배제하고 불이익을 주는 관행은 고정관념과 의식, 편견과 문화 속에 여전히 지속되고 있다. 이러한 상황에서 과거에 차별받았거나 현재 차별받고 있는 집단을 우대하는 적극적 차별시정조치 프로그램은 정의를 실현하는 "필수적 수단이자 정의로운 수단"이다. 영은 물론 적극적 차별시정조치 프로그램이 특정 집단 구성원을 의식적·명시적으로 우대한다는 점에서 "평등 대우의 원칙principle of equal treatment"과 "차별 금지의 원칙principle of non-discrimination" 위반이라는 점을 인정하면서도,[33] 모든 차별이 잘못된 차별은 아니라고 주장한다. 차별은 "그 목적에 따라 잘못일 수도 있고 아닐 수도 있다." 예를 들어 "시 공무원과 사업가를 위한 남성 전용 클럽은 이미 존재하고 있던 남성들 사이의 특권 네트워크를 강화하고 증대한다는 점에서 잘못이다." 반면 차별이 "특정 집단에 대한 억압을 약화시키는 목적에 기여한다면, 그러한 차별은 허용될 뿐만 아니라 도덕적으로 필요하다." 따라서 특정 집단에 대한 편견과 구조적 억압을 완화하기 위한 목적으로 실시되는 적극적 차별시정조치는 비록 차별적이지만 정의 실현을 위한 필수적 수단이자 정의로운 수단이다.[34]

영은 더 나아가 "차이의 인정"이 갖는 도덕적 중요성을 강조하며 "불편부당성의 이상ideal of impartiality"을 비판한다. 불편부당성의 이상은 모든 사람이 받아들일 수 있는 "통일된 보편적 도덕 관점"이 존재한다고 가정하며 주체 간의 차이를 부정하는데 이를 잘 보여주는 것이 현대 사회의 "능력주의meritocracy"다. 능력주의는 능력을 측정하는 불편부당한 객관적 기준이 존재하기 때문에 사회적으로 더 많은 보상과 명성, 권력을 보장해주는 좋은 지위는 이러한 기준에 따라 분배되어야 한다고 가정한다. 그러나 영에 따르면, 능력을 측정하기 위한 "불편부당하고 가치중립적이고 과학적인 척도는 존재하지 않는다." "교육 자격증과 표준화된 시험을 포함하여 미국 사회에서 사용되는 대부분의 평가 기준은 규범적·

문화적[으로 편향된] 내용을 가지고 있으며," 따라서 불편부당하지도 않고 객관적이지도 않다.[35] 이 기준들은 대부분 "특수한 가치, 규범, 문화적 속성을 포함하거나 내재"하고 있으며, "평가 대상자가 특정한 가치를 지지하고 내면화하는지, 묵시적 또는 명시적 행동 규칙에 따라 행동하는지, 평가자가 바람직하다고 생각하는 특정한 특징과 성격, 행동을 보여주는지" 평가한다.[36] 심지어 많은 사람들이 객관적인 평가로 인정하는 표준화된 시험조차도 특정한 능력(문제풀이 능력 등)과 특정한 성향(신속히 일을 처리하는 성향 등)을 가진 응시자에게 유리하다는 점에서 객관적이지 않다.[37]

또한 학교 교육에서 일상적으로 이루어지는 성취 평가와 기업의 성과 평가, 채용 평가 등도 많은 경우 평가자의 편향과 편견에 따라 결과가 달라질 수 있다는 점에서 불편부당한 것으로 볼 수 없다. 영은 백인 평가자들이 동일한 자격증을 가진 구직자더라도 백인보다 흑인을 더 부정적으로 평가하는 경향이 있으며, 동일한 이력서에 남성 이름이 적혀 있을 때보다 여성 이름이 적혀 있을 때 현저하게 더 낮은 순위로 평가하는 경향이 있다는 연구 결과를 언급한다.[38] 이러한 상황에서 객관적 평가 기준을 통해 사람들을 평가하고 그에 따라 물질적 보상과 명성, 권력을 차등적으로 제공해야 한다고 주장하는 능력주의 이데올로기는 더 이상 정당성을 유지할 수 없다. 대신 능력주의의 문제점을 해결하고 평가가 특정 집단에 불리하지 않도록 하기 위해서는 평가에 활용되는

"자격적합성qualification"의 요건과 판단 기준에 대한 민주적 의사결정이 필요하다. 영에 따르면, "일자리와 공직 충원이 개인과 사회의 운명에 근본적인 영향을 미친다는 점에서 [자격접합성의 판단 기준을 정하고 적용하는 문제들에 대한] 민주적 의사결정은 사회 정의의 핵심 요건이다."[39]

|ı.ı|

공정하다는 신화

영의 '정의와 차이의 정치' 이론은 정의를 소극적으로는 억압과 지배의 철폐로, 적극적으로는 집단에 특화된 특별 권리를 부여하는 집단 의식적 정책과 적극적 차별시정조치 등을 통해 집단의 정체성과 차이를 인정하는 것으로 규정한다. 이러한 영의 정의론은 우리 사회의 공정과 정의 문제를 이해하는 데 몇 가지 중요한 시사점을 제공한다.

첫째, 소수자 우대 제도를 뒷받침하는 강력한 논거를 제공한다. 취업 경쟁에서 '사회적 약자'를 우대하는 '장애인 고용의무제', '지방인재 채용목표제', '지역인재 채용목표제', '양성평등 채용목표제' 등의 제도가 특정 부류의 사람들에게만 혜택을 부여하고 그렇지 못한 사람들에게서 사실상 기회를 빼앗는다는 비판이 우리 사회 일부에서 제기되고 있다. 특히 비례대표 배분과 취업, 승진 등에서 여성을 우대하는 여성 할당제를 두고 "남자만 손해를 본다"는 불만이 여기저기서 나타나고 있다. 물론 이러한 불만이 전혀 근거가 없는 것은 아니지만, 영의 정의론은 소수자 우대 제도가 기회 균등과 분배의 측면에서는 불공정하더라도, 특정 집단에 대한 편견과 구조적 억압을 완화한다는 점에서 정의로울 수 있음을 보여준다.

둘째, 능력주의 담론의 한계를 지적한다. 최근 우리 사회에서 힘을 얻고 있는 능력주의 담론, 특히 '시험만능주의'는 사회적으로 합의된 객관적인 능력 평가 기준이 부재한 상황에서 시험 점수에 따라 기회와 보상을 제공하는 것이 그나마 가장 공정하다고 본다. 평가에 영향을 미칠 수 있는 평가자의 재량이나 그 밖의 요인(출신 학교, 외모, 성별 등)을 배제할 수 있기 때문이다. 영은 이러한 능력주의를 비판하며, 능력을 측정하는 불편부당하고 가치중립적이며 객관적인 기준은 존재하지 않는다고 주장한다. 영에 따르면, 아무리 "표준화된 시험standardized test"이더라도 "시험은 그 자체로 특정한 문화를 갖는다." 시험은 시험이라는 형식 자체에 특화된 기질이나 특성, 문화적 스타일 등을 가진 사람을 높게 평가하고 보상하는 반면 그렇지 못한 사람에게는 불리하다. 무엇보다 모든 개인을 하나의 공통적인 잣대로 평가하는 표준화된 시험은 필연적으로 개인의 "차이를 [정상에서 벗어난] 일탈 또는 [급이 낮은 것으로] 저평가"한다.[40] 영은 미셸 푸코Michel Foucault가 『감시와 처벌*Discipline and Punish*』에서 시험에 관해 언급한 내용을 인용하며 다음과 같이 시험만능주의를 비판한다.

> 시험은 관찰하는 위계질서의 기술과 표준화하는 판단 기술을 결합한다. 시험의 표준화하는 시선, 즉 [시험을 통한] 감시는 계량화하고 분류하고 처벌을 가능하게 한다. 시험은 개인들 위에 가시성visibility을 구축하며, 이 가시성을 통해 개인들을 차등화하고 판단한다. 바로 이 점이 훈육의 모든 기제 가운데 시험이 고도로 의례화되는ritualized 이유다. 시험 안에서 권력의 의식ceremony, 실험의 형식, 강제력의 배치 그리고 진실의 확립이 모두 결합한다. 시험은 훈육 과정의 핵심으로서 그 대상인 사람들을 복종시키고, 복종한 사람들을 객관화하여 명백하게 드러낸다.[41]

요컨대 시험은 불편부당하거나 객관적이지 않을 뿐만 아니라 개인의 차이를 억압하고 획일화하는 감시 기제로 작동한다.

셋째, 공정 담론이 분배 패러다임을 넘어설 것을 요구한다. 최근 우리 사회의 공정 담론은 공정 문제를 이익과 기회의 분배 문제로만 접근하는 경향이 있다. 물론 복지와 소득 분배, 부와 기회의 세습, 대학 입시 등에서 소득과 부, 권리와 기회, 자원과 재화를 어떻게 분배할 것인가의 문제는 매우 중요하다. 그러나 모든 문제를 "오로지 분배의 문제"로만 접근하는 것은, 즉 누가 손해를 보고 누가 이익을 보는가의 문제로만 접근하는 것은 분배 패러다임에 빠지는 것으로서 바람직하지 못하다. 영의 정의론은 공정 논의가 이러한 분배 패러다임을 넘어 보다 거시적인 차원에서 구조적 억압과 지배의 철폐 그리고 다양한 소수자 집단의 정체성과 차이의 인정 등에 초점을 맞출 것을 요구한다. 정의가 포괄하는 영역은 단순한 분배 공정성보다 범위가 넓다. 정의의 중요한 과제는 우리가 추구하는 다양한 정의의 가치를 실현하는 데 필요한 제도적 조건, 즉 개인들이 자신의 역량을 개발하고 발휘할 수 있도록, 그리고 자신의 행동과 그 조건을 결정하는 의사결정 과정에 참여할 수 있도록 제도를 만드는 것이다. 이러한 영의 문제 제기와 비판은 분배의 문제에 한정된 채 능력주의와 시험만능주의가 일종의 '신화'가 되어버린 우리 사회의 공정 담론에 좀 더 근본적이고 거시적인 관점을 제시한다.

7장

외국인 재난지원금 지급은 공정한가

"불평등한 세계는 불공정하다"

바이츠와 포기

찰스 바이츠 Charles Beitz / 토머스 포기 Thomas Pogge

찰스 바이츠와 토머스 포기는 범세계주의의 관점에서 정의의 문제에 접근하는 '세계정의론global justice'을 대표하는 학자로, 국내 문제에 초점을 맞춘 기존 정의론의 범위를 전 세계적 차원으로 확대함으로써 정의론의 새 지평을 연 것으로 평가받고 있다.

바이츠(1949~)는 프린스턴대학 정치학과 교수로, 대표작으로는 『정치이론과 국제관계Political Theory and International Relations』(1979), 『정치적 평등Political Equality』(1989), 『인권의 아이디어The Idea of Human Rights』(2009) 등이 있다.

포기(1953~)는 롤스의 지도하에 하버드대학에서 철학박사 학위를 취득했고, 현재 예일대학 철학과·정치학과 교수로 재직 중이다. 대표작으로는 『롤스 실현하기Realizing Rawls』(1989), 『세계 빈곤과 인권World Poverty and Human Rights』(2002) 등이 있다.

단지 외국인이라는 이유로

2020년 5월 코로나19가 한창 유행할 당시 국내 거주 외국인에게 재난지원금을 지급할 것인가 말 것인가의 문제를 두고 찬반 양쪽에서 공정 논란이 있었다. 찬성하는 쪽에서는 "한국인과 동일한 세금을 내고 일하는데 외국인이라는 이유로 재난지원금을 못받는 것은 불공정하다"고 주장하며 재난지원금 지급 대상에 외국인을 포함할 것을 요구했다. 반면 반대하는 쪽에서는 "우리 국민도 아닌데 재난지원금을 지급하는 것은 불공정하다"고 주장하며 외국인 재난지원금 지급에 반대했다. 이후 이 문제는 2021년

9월 정부가 제5차 재난지원금을 지급하면서 건강보험료 납부 금액을 기준으로 상위 12%에 해당하는 국민을 제외한 반면 특정 요건(한국인과 가족관계에 있어 주민등록표에 등재되어 있거나, 결혼이민자 또는 영주권 자격을 부여받고 건강보험료를 납부하고 있는 외국인으로 건강보험료 기준을 충족한 경우)을 갖춘 약 26만 6,000명의 외국인에게 총 665억 원의 지원금을 지급한 사실이 알려지면서 다시 한 번 도마 위에 올랐다. 한쪽에서는 "한국인도 12%나 받지 못하는데, 외국인까지 지원해야 하느냐", "국민을 배제하고 외국인에게 재난지원금을 지급하는 것이 공정하냐", "외국인에게 재난지원금 지급할 돈이 있으면 그 돈으로 우리 국민이나 더 챙겨라"고 주장하며 외국인에 대한 재난지원금 지급에 반대한 반면, 다른 한쪽에서는 "똑같이 노동하고 세금도 내는데 코로나19라는 위기 상황에서 단지 외국인이라는 이유로 재난지원금을 받을 수 없다는 건 명백한 차별이다. 지금이라도 정책을 바꿔 재난지원금을 똑같이 지급하라"고 주장하며 재난지원금 지급 대상에 결혼이민자와 영주권자뿐 아니라 한국에 장기 체류 중인 등록 외국인도 포함할 것을 요구했다.[1]

마찬가지로 해외 원조 문제를 두고도 유사한 논란이 지속되고 있다. 한쪽에서는 "국민도 먹고살기 힘든데 무슨 해외 원조냐", "해외 원조할 돈 있으면 국내 결식아동이나 먼저 챙겨라"라고 주장하며 해외 원조에 반대하는 반면 다른 한쪽에서는 인도주의적 관점에서 국민을 우선시하는 입장의 편협성을 주장하며 해외 원조 확대를 주장한다. 이외에도 국내 체류 외국인에게 사회복지 혜택을 제공하는 문제, 지방선거 참정권 부여 문제, 난민 수용과 정착 지원금 지급 문제 등을 두고 자국민을 우선시해야 한다는 주장과 외국인을 차별하는 것은 불공정하다는 주장이 맞부딪히고 있다. 특히 난민 수용 문제를 두고 20~30대를 중심으로 반대 여론이 높아지고 있다. 《중앙일보》가 2018년 8월 1~2일 전국의 만 19세 이상 성인남녀 1,000명을 대상으로 실시한 전화면접 여론조사 결과에 따르면, 난민에 '적대적'이라고 응답한 비중이 전체적으로 44.7%에 달하고 있으며, 이를 연령대별로 살펴보면 19~29세는 58.0%, 30대는 54.4%가 '적대적'이라고 응답한 반면, 40대는 37.0%, 50대는 37.3%, 60대 이상은 40.9%만이 '적대적'이라고 응답했다. 더 나아가 이슬람계 난민으로 특정하여 우호·적대 여부를 묻는 질문에 19~29세의 적대 응답 비율은 78.0%까지 올라갔다. 구체적인 찬반 이유를 살펴보면 난민 수용을 반대하는 측에서는 "국민이 우선"이라고 강조하며 난민 수용이 국민의 안전과 생명, 일자리를 위협한다고 주장하는 반면 찬성하는 측에서는 난민 반대가 사실상 인종차별에 해당한다고 비판한다.

그렇다면 권리와 기회, 소득과 부, 자원과 재화 등의 분배에서 이처럼 자국민을 우선시하고 외국인을 차별하는 것은 공정한가? 단지 자국민이라는 이유로 더 많은 권리와 기회를 분배하고 단지 외국인이라는 이유로 더 적은 권리와 기회를 분배하는 것은 공정한가? 같은 건물에서 동일한 월세와 동일한 세금을 내고 비슷한 규모의 식당을 운영하는 두 사람 가운데 한 사람은 자국민이라는 이유로 재난지원금을 지급하고 다른 한 사람은 단지 외국인이라는 이유로 지원금을 지급하지 않는다면 이는 공정한가? 여기서는 바이츠와 포기 등의 범세계주의자들이 주장하는 '세계정의론'의 관점에서 단순히 국적을 기준으로 이루어지는 외국인 차별이 정의롭지 못한 불공정일 수 있음을 보여주려 한다. 우선 세계정의론의 등장 배경부터 살펴보자.

|ılıl|

무정부 상태의 윤리

근대 인권 사상과 민주주의의 발전과 함께 대부분의 자유민주주의 사회에서 "모든 인간은 자유와 권리에서 평등하다"라는 관념이 상식으로 받아들여지고 있다. 그러나 이러한 보편주의의 확산에도 불구하고 권리와 기회, 자원의 분배에서 국적, 시민권, 법적 지위 등에 따른 차별은 지속되고 있다. 참정권의 경우 우리나라와 서유럽 일부 국가가 지방선거나 주민투표에 한해 외국인의 투표권을 제한적으로 인정하고 있으나, 국회의원선거와 대통령선거, 국민투표 등 국정선거에 참여할 수 있는 투표권은 전 세계

거의 모든 나라가 오직 자국민에게만 부여하고 있다. 또한 국경을 넘어 자유롭게 이주할 수 있는 권리의 경우에도 모든 나라가 국적 또는 법적 지위에 따른 제한을 유지하고 있으며, 난민을 제외한 대부분의 경우 허가받지 않은 외국인의 입국을 엄격히 제한하고 있다. 노동의 권리도 거의 대부분의 선진국에서 특별한 절차에 따라 허가를 받지 않은 외국인의 권리를 제한하고 있다.[2]

과거 국가 간 인구 이동이 제한되어 있던 시절에는 국적과 시민권 등을 근거로 외국인을 차별하는 이러한 조치가, 비록 윤리적으로는 문제가 있을 수 있지만, 현실적으로는 불가피하다는 인식이 널리 퍼져 있었다. 특히 국가 간 안보 경쟁이 치열했던 냉전 시기 자국의 이익을 중시하는 현실주의realism 이론이 국제정치 분야에서 득세하면서, 외국인을 차별하고 자국민을 우대하는 조치가 때때로 국가 이익을 위해 필수적인 것으로 인식되기도 했다. 한스 모겐소Hans Morgenthau, 케네스 월츠Kenneth Waltz 등 현실주의 국제정치 학자들은 국제관계를 국가의 행동을 규제할 수 있는 상위 권력체가 부재한 '무정부 상태anarchy'로 가정하고, 이러한 상태에서 국가가 추구할 수 있는 유일한 윤리는 '이기주의 윤리'뿐이며 자신의 생존과 안보, 자기 이익을 지키기 위해 국가는 이기적으로 행동할 수밖에 없고 그렇게 행동해야 한다고 주장했다. 현실주의자들에게 이기적으로 행동하는 '자조self-help'의 원리는 단순히 국가에 필요한 실천적 원리일 뿐만 아니라 국가의 의무다.[3] 이러한 현실주의 관점에서 볼 때 전 세계적 차원에서 논의되는 공정과 정의의 문제는 국가 이익에 종속된 부차적인 중요성만을 갖는다.

한편 냉전 시기 인구 이동이 제한된 상황에서 대부분의 정치·경제·사회 활동이 국가의 경계 안에서 이루어지다 보니 규범적 정치이론 또한 논의의 대상을 주로 국내적 차원의 공정과 정의 문제로 국한했다. 롤스는 『정의론』에서 국가의 행동을 규제할 국제적 차원에서의 "기본 구조"가 부재한 현재의 세계질서하에서 자신이 제시하는 정의의 원칙은 오직 국내적 차원에서만 적용 가능하며, 이 원칙을 국가의 경계를 벗어나 국제적 차원에 적용하는 것은 부적절하다고 주장했다.[4] 이외에 규범적 정치이론 분야를 대표하는 대부분의 학자들 또한 국내적 차원의 분배 문제에 초점을 맞춰 공정과 정의의 문제를 논했다.

그러나 냉전이 끝나고 이른바 '세계화'가 진전되면서 현실주의는 물론이고 국내적 차원에만 초점을 맞춘 정의론 또한 여러 도전에 직면하게 되었다. 바이츠와 포기 등의 범세계주의자들은 세계화로 인해 전 세계적 차원에서 경제적 상호의존과 교류가 급격하게 증가하고, 이에 따라 전 세계적 차원에서 불평등 문제가 심각해진 상황에서 공정과 정의에 대한 논의 또한 특정 국가의 경계를 넘어 전 세계적 차원으로 확대되어야 한다고 주장한다. 이들은 특히 전 세계적 차원에서 불평등과 빈곤 문제 해결을 위해 롤스가 국내적 차원에서 정의의 원칙으로 제시하는 '차등의 원칙'을 전 세계적 차원에서 확대·적용해야 한다고 강조한다. 그러나 흥미롭게도 막상 롤스 자신은 이러한 범세계주의자들의 주장에 반대한다. 세계정의론을 살펴보기에 앞서 세계정의론에 대한 롤스의 입장부터 살펴보자.

|ııı|

현실주의적 유토피아

롤스는 『정의론』에서 자신이 제시한 정의의 원칙, 특히 '차등의 원칙'이 오직 국내적 차원에서만 적용 가능하며, 이 원칙을 국가의 경계를 벗어나 국제적 차원에 적용하는 것은 부적절하다고 주장한다.[5] 주권 국가 중심의 현재 세계질서하에서 개별 국가의 행동을 규제할 국제적 차원에서의 "기본 구조basic structure", 즉 협동의 이익과 비용을 국가들 사이에 분배하고 집행할 수 있는 강제력을 가진 국가 상위의 제도가 부재하기 때문이다.[6] 롤스는 대신 국제관계에 적용 가능한 정의의 원칙으로 국가들이 대외 관계에서 준수해야 할 일종의 행동 원칙인 "만민법the law of peoples"을 제시한다.

> 1. 만민은 자유롭고 독립적이며, 그들의 자유와 독립은 존중되어야 한다.

2. 만민은 조약과 약속을 준수해야 한다.

3. 만민은 평등하며 자신들을 구속하는 합의의 당사자다.

4. 만민은 불간섭non-intervention의 의무를 준수해야 한다.

5. 만민은 자기방어의 권리를 가지며, 자기방어 이외의 이유로 전쟁을 개시할 권리는 가지고 있지 않다.

6. 만민은 인권을 존중해야 한다.

7. 만민은 전쟁을 수행할 때 어떤 특정한 제약들을 준수해야 한다.

8. 만민은 정의롭고 품위 있는 정치·사회 질서를 누리지 못하고 불리한 조건 속에 살아가는 사람들을 도와야 할 의무를 가진다.[7]

롤스는 물론 '만민법'이 도덕적으로 불충분하고 불완전하다는 점을 인정한다. 그러나 '만민법'이 "세계 국가"가 부재한 현재 국제관계에서 실현 가능한 최선의 원칙이라는 점을 강조하며 이를 "현실주의적 유토피아realistic utopia"로 부른다.[8] 롤스에 따르면, 강제력에 의해 뒷받침되는 국제 제도가 부재한 현재 국제관계에서 '만민'이 합의할 수 있는 최선의 원칙은 '차등의 원칙'이 아니라 '만민법'이다.[9] 특히 '만민법' 8항에 명시된 '상호 부조 원칙'에 따라 기아나 가뭄 등으로 고통받는 사람들의 기본적 필요를 충족시켜주기 위해 한시적으로 제한적인 도움을 제공하는 것은 필요하지만, 국제적 차원에서 지속적으로 자원을 이전하는 형태로 분배 정의 실현을 요구하는 것은 비현실적일 뿐만 아니라 도덕적으로도 부적절하다.[10] 국가의 경계를 벗어나 국제적 차원에 존재하는 의무는 정의의 원칙에 근거한 '재분배의 의무'가 아니라 '만민법'에 근거한 '원조의 의무'뿐이다. 즉 고통받는 사회가 적절한 수준의 기본 제도를 갖추고 국제 사회의 일원이 될 수 있도록, 그리고 기본적 필요를 충족시킬 수 있도록 도와주어야 할 '원조의 의무'는 존재하지만, 상시적으로 재분배를 통해 정의를 실현해야 할 의무는 존재하지 않는다. 이러한 '원조의 의무'는 기본적 필요의 충족에 초점을 맞춘다는 점에서 목표가 제한적이며, 목표를 달성할 때까지만 유효하다는 점에서 한시적이다. 반면 국내적 차원에서 정의의 원칙으로 작동하는 '차등의 원칙'과 이에 근거한 '재분배의 의무'는 타깃target 목표치가 없다는 점에서 무제한적이며, 사회가 존재하는 한 지속된다는 점에서 '원조의 의무'와 구별된다.[11]

이처럼 국제적 차원에서 '원조의 의무'는 인정하면서도 정의의 원칙에 근거한 '재분배의 의무'는 부정하는 롤스의 관점은 국제개발협력 분야에서 외국인을 도와야 할 의무가 존재하고 필요한 경우 외국인을 도와야 하지만, 일반적으로 자국민에 대한 의무가 외국인에 대한 의무보다 우선한다고 보는 "공동체주의 민족주의communitarian nationalism"의 관점과 상당히 유사하다. 실제로 공동체주의 민족주의를 대표하는 학자 가운데 한 명인 데이비드 밀러David Miller는 "스웨덴 사람의 권리와 복지를 보장해줄 책임은 스웨덴 사람에게 있으며 소말리아 사람들의 권리와 복지를 보장해줄 책임은 소말리아 사람에게 있다"고 강조하며, 외국에 거주하는 가난한 외국인의 생존권과 복지를 보장해줄 의무는 일차적으로 이들 국가의 국민과 정부에 있다고 주장한다.[12] 비슷한 맥락에서 리처드 대거Richard Dagger는 "우리는 우리의 정치 공동체에 속하지 않은 사람들에 대해 몇 가지 책임이 있지만, 우리의 첫 번째 책임은 우리나라에 사는 가난한 사람들과 굶주린 사람들 그리고 집 없는 사람들을 도와주는 데 있다"고 주장한다.[13] 헨리 슈Henry Shue에 따르면, 이러한 입장은 "자국민이 우선compatriots take priority"이라는 입장으로, 외국인에 대한 도덕적 의무의 존재를 부정하는 것은 아니지만 외국인에 대한 의무와 자국민에 대한 의무가 충돌할 경우 자국민에 대한 의무를 우선시한다.[14]

|ı.ıl

국가의 경계를 넘어

범세계주의자들은 이처럼 국제적 차원에서의 정의 실현 필요성을 부정하는, 또는 이에 무관심한 기존 정의론을 비판하며 우리의 도덕적 관심이 국가의 경계를 넘어 전 세계적 차원으로 확대되어야 한다고 주장한다. 마사 누스바움Martha Nussbaum은 "어떤 사람이 어느 나라에 태어났다는 사실"은 도덕적인 관점에서 볼 때 아무런 의미가 없는 "하나의 사고accident"일 뿐이라며 우리의 도덕적 사고의 범위가 "우리 자신의 영역"을 넘어 전 세계적 차원으로 확대되어야 한다고 강조한다.[15] 비슷한 맥락에서 피터 싱어Peter Singer는 "근접성proximity"과 물리적 "거리distance"는 도덕적 차원에서 전혀 고려할 필요가 없다고 주장하며 해외 원조의 필요성을 강조한다. 싱어에 따르면, 우리는 도움을 받는 사람이 아는 사람이든 모르는 사람이든, 공동체 구성원이든 아니든, 근접성이나 물리적 거리에 상관없이 도울 능력이 있고 도움을 줌으로써 비용보다 더 큰 효용을 얻을 수 있다면 우리의 도움을 필요로 하는 사람을 도와주어야 할 도덕적 의무가 있다.[16] 특히 싱어는 "물에 빠진 아이 구하기" 사례를 제시하며 해외 원조의 필요성을 강조한다. 출근길에 작은 연못가를 지나다 물에 빠져 허우적대고 있는 아이를 발견했다면, 비록 아이를 구하다 옷과 신발이 진흙투성이가 되더라도, 아이의 생명을 구하는 것이 우리의 도덕적 의무다. 마찬가지로 가난한 나라에서 어린아이가 굶주림으로 죽어가고 있는 상황에서 우리의 도덕적 의무는, 비록 일부 비용이 들어가더라도, 기부 등을 통해 죽어가는 어린아이의 생명을 구하는 것이다. 우리가 이러한 어린아이들을 도와주지 않고 그냥 지나친다면, 이는 연못에 빠져 허우적대고 있는 어린아이를 그냥 두고 지나치는 것과 마찬가지라고 싱어는 주장한다.[17]

　　한편 이들과는 조금 다른 맥락에서 바이츠와 포기는 전 세계적 차원에서 경제적 상호의존interdependence과 협력이 증가함에 따라 정의에 대한 논의 또한 개별 국가의 경계를 넘어 전 세계적 차원으로 확대되어야 한다고 주장하며 롤스가 『정의론』에서 제시한 정의의 원칙, 특히 사회의 '최소 수혜자'를 위한 재분배를 요구하는 '차등의 원칙'이 전 세계적 차원에서 확대·적용되어야 한다고 강조한다. 우선 바이츠에 따르면, 롤스가 특정 사회 내에서 '최소 수혜자'를 위한 '차등의 원칙'을 주장하는 근본적 이유는 사회가 상호 이익을 위한 "협동체cooperative venture"이기 때문이다.[18] 마찬가지로 경제적 상호의존과 협력의 증가로, 세계 전체가 국가와 완전히 동일한 것은 아니지만, 상호 협력하며 이익을 추구하는 "하나의 전 세계적 협동 체계a global scheme of social cooperation"를 형성했기 때문에 '차등의 원칙' 또한 전 세계적 차원에서 확대·적용되어야 한다.[19] 즉 전 세계적 차원에서 '최소 수혜자'에게 최대 이익이 돌아갈 수 있도록, 그리고 부자들에서 가난한 사람들로 지속적인 재분배가 이루어질 수 있도록 금융, 무역 등과 관련된 국제경제 질서를 재편성해야 한다.[20] 그리고 이러한 재분배는 어려움에 처했을 때 서로 돕는 단순한 "상호부조mutual aid" 차원에서가 아니라 정의의 원칙에 입각한 "의무obligation"의 차원에서 이행되어야 한다.[21]

국가들 사이의 경제적 상호의존과 협력의 발전은 새로운 차원에서 도덕성을 논의할 수 있는 기반을 마련해주었다. (……) 잉여 자

본은 국경을 넘어 가장 높은 이익이 보장되는 곳에 투자되고 있다. 예를 들어 미국 자본의 상당량이 유럽이나, 남미, 동아시아 지역 등 노동력 비용이 저렴하고 시장 전망이 밝은, 그리고 이익이 높은 지역에 투자되고 있다. 이와 더불어 노동력의 전 세계적 분업 체제가 나타나고 있다. 상품은 임금이 싸고 노조 활동이 약한 지역에서 생산되어 좀 더 부유한 선진 지역에서 팔리고 있다. 상품 가격과 임금을 결정하는데 다국적 기업이 중요한 역할을 하며, 국제적 노동 분업은 가난한 나라에서 생산된 가치가 부자 나라 국민들의 이익을 위해 사용되는 세계 무역 체제의 발전으로 이어지고 있다. (……) 이러한 사실은 국경이 더 이상 사회적 협력의 한계가 될 수 없음을 드러내준다. (……) 국경은 더 이상 사회적 협력의 한계가 아니며, 더 이상 의무의 한계도 아니다.[22]

한편 포기는 부유한 사람들이 가난한 사람들의 가난에 인과적으로 책임이 있다고 주장하며 전 세계적 차원에서 정의의 문제를 논한다. 포기에 따르면, 현재 가난은 최소한 부분적으로는 현재의 세계 경제 질서global economic order에 의해 유발된 것으로, 부유한 사람들은 이 질서를 지지하고 유지함으로써, 그리고 이를 가난한 사람들에게 강제함으로써 전 세계 가난과 빈곤에 어느 정도 책임이 있다.

현재 세계의 제도적 질서는 부유한 사람들the better-off이 만들어 가난한 사람들the worse-off에게 강요한 것으로 (……) 〔우리는 이러한 제도적 질서하에〕 투자, 대출, 무역, 뇌물, 군사 원조, 섹스 관광, 문화 수출 등을 통해 지구 저편에 사는 가난한 사람들의 삶에 커다란 영향을 미치고 있다. 가난한 사람들의 생존은 종종 우리가 어떠한 상품을 소비하는가에 달려 있으며, 우리의 소비는 그들이 살아가는 데 필요한 식료품 가격과 그들이 필요로 하는 일자리 기회를 결정하기도 한다. (……) 이러한 이유로 우리 모두는 그들의 불행에 인과적으로 깊이 연관되어 있다.[23]

그러나 대부분의 사람들은 이러한 관계를 잘 인지하지 못한다. 많은 경우 사람들은 가난한 사람들의 가난이 전적으로 그들 자신의 잘못과 그들 나라의 잘못된 정책, 제도, 관리들의 부정, 잘못된 문화, 열악한 자연 환경, 낮은 기술 수준 등에 의해 발생한 것으로 생각한다. 그러나 이는 잘못된 생각으로 부유한 사람들의 인과적 책임을 무시한다. 부유한 사람들은 "현재의 부당한 세계 질서를 의식적으로든 또는 무의식적으로든 지지하고 이를 가난한 사람들에게 강제함으로써" 전 세계의 가난과 빈곤에 책임이 있으며, 이러한 책임 때문에 이를 해결해야 할 도덕적 의무를 가진다.[24]

그렇다면 어떠한 방식으로 이 의무를 이행할 것인가? 의무

이행과 관련하여 포기는 부유한 사람들이 가난한 사람들을 위해 현재의 '세계 경제 질서'를 개혁해야 한다고 강조하며, 구체적 대안으로 전 세계적 차원에서 천연자원 활용에 일종의 소비세를 부과하는 "지구자원배당제Global Resources Dividend"의 도입을 촉구한다. 포기에 따르면, 현재의 세계 경제 질서하에서 부유한 사람들은 천연자원 활용에서 상당한 이익을 보고 있는 반면 가난한 사람들은 그러한 혜택에서 배제되고 있다.[25] 이러한 상황에서 "지구 자원을 보다 광범위하게 활용하는 사람들이 그렇지 못한 사람들에게 보상을 제공해야 한다." 즉 개별 국가가 자국의 천연자원을 자유롭게 활용할 수 있지만, 전 세계의 가난한 사람들 또한 인류의 일원으로 지구 천연자원에 대해 "양도 불가능한 자신의 지분inalienable stake"을 갖고 있기 때문에, 개별 국가가 천연자원을 활용할 때마다 일정 비율의 세금을 추가적으로 납부하고 이 세금으로 기금을 만들어 가난한 사람들에게 "지분"에 해당하는 만큼의 "배당dividend"을 제공해야 한다. 포기는 이러한 배당을 "지구자원배당"으로 부르며, 부유한 사람들이 천연자원을 소비하여 생산품을 생산할 때마다 일정 비율의 세금을 납부하도록 전 세계에 적용 가능한 제도를 만들고, 이렇게 거둔 세금을 가난한 사람들에게 "지구자원배당"의 형태로 재분배한다면 전 세계 가난과 빈곤 문제를 완전하지는 않지만 상당 부분 해결할 수 있다고 주장한다.[26]

포기의 추산에 따르면, 전 세계 모든 나라의 "국민 총생산

Gross National Product"을 합한 "전 세계 총생산Global Product"에 대해 지구 자원배당 목적으로 약 1% 정도의 세금을 부과할 경우, 예를 들어 5,000원짜리 커피 한 잔을 사 마실 때마다 50원의 세금을 추가로 부과할 경우 2000년 기준 1년에 약 3,000억 달러 정도의 기금을 모을 수 있다. 또는 세금 부과 대상을 천연자원인 원유로 한정하여 원유 1배럴(약 159리터)에 2달러 정도의 세금을 부과하고 최종 소비자가 이를 분담하도록 할 경우 최종 소비자가 휘발유 1갤런 (약 3.8리터)을 구입할 때마다 5센트 정도(즉 휘발유 1리터당 약 15원)를 추가적으로 더 부담하면 비슷한 규모의 기금을 모을 수 있다. 이렇게 모은 기금을 세계은행이 설정한 '국제빈곤선international poverty line(2000년 기준 1년에 약 400달러)' 이하의 수입으로 살아가는 약 12억 명의 사람들에게 "배당" 형태로 제공할 경우 1인당 1년에 약 250달러를 지급할 수 있다. 이는 2000년 기준 국제빈곤선 이하 약 12억 명의 실제 연평균 소득인 약 80달러의 3배에 달하는 금액으로, 비록 완전하지는 않지만, 이들이 직면한 가난 문제를 상당 부분 완화할 수 있다. 포기는 이 방안이 현재의 세계 경제 질서를 크게 바꾸지 않아도 되고, 소비자의 부담 금액이 소비액의 1% 정도로 크지 않은 반면 기금의 규모는 가난한 사람들에게 큰 도움을 줄 수 있는 정도라는 점에서 매우 현실적이고 효율적인 정책이라고 강조한다.[27]

||,||
합리적 이유 없는 차별

바이츠와 포기를 비롯한 범세계주의자들의 '세계정의론'은 '만민법'을 주장하는 롤스와 '자국민 우선'을 주장하는 '공동체주의 민족주의'를 비판하며 우리의 도덕적 사고의 범위가 국가의 경계를 넘어 전 세계적 차원으로 확대되어야 한다고, 특히 롤스가 국내적 차원에서 제시한 정의의 원칙이 전 세계적 차원으로 확대·적용되어야 한다고 주장한다. 즉 '평등한 자유의 원칙'과 '기회 균등의 원칙'에 따라 기본적 자유와 권리, 기회는 전 세계적 차원에서 모든 사람에게 최대 한도로 균등하게 보장되어야 하며, '차등의 원칙'에 따라 물질적 부와 소득은 '최소 수혜자'에게 최대 이익이 될 수 있도록 전 세계적 차원에서 재분배되어야 한다. 그리고 이러한 전 세계적 차원에서의 정의의 원칙을 실현하기 위해 무엇보다도 현재의 세계 경제 질서를 재편해야 한다.

그렇다면 이러한 범세계주의자의 관점에서 외국인 차별의 공정성 문제에 접근할 경우 어떠한 논변이 가능할까? 범세계주의자라 하더라도 각자 입장에 따라 논변이 다를 수 있겠지만, 이들이 공통적으로 정의의 문제를 특정 국가의 경계를 벗어나 전 세계적 차원에서 다뤄야 한다고 강조하는 점을 고려할 때 권리와 기회 및 물질적 자원의 분배에서 단순히 국적을 기준으로 외국인을 차별하는 것은 불공정한 것으로 볼 여지가 많다. 중요한 것은 국적이나 어디에 거주하느냐가 아니라 기본 재화와 자원을 전 세계적 차원에서 분배할 때 누가 '최소 수혜자'에 해당하는가다. 부자 나라에도 전 세계적인 차원에서 볼 때 '최소 수혜자'에 해당하는 가난한 사람이 있을 수 있고 가난한 나라에도 부자들이 있을 수 있기 때문에, 또한 특정 국가에 거주하는 사람들 가운데서도 '최소 수혜자'에 해당하는 '가난한 자국민'이 있을 수 있고 '부자 외국인'도 있을 수 있기 때문에, 단순히 국적과 거주지를 기준으로 누구를 도와주고 누구를 도와주지 않는 것은 부적절하다. 그리고 이보다 더 중요한 것은 국적과 거주지에 상관없이 '최소 수혜자'에게 최대 이익이 보장될 수 있도록 세계 경제 질서와 국내 제도를 재편성하고, 더 평등한 세계를 만들기 위해 전 세계적 차원에서 자원과 재화를 재분배하는 것이다. '차등의 원칙'을 포함한 정의의 원칙은 국적과 거주지에 상관없이 전 세계적 차원에서 모든 사람에게 보편적으로 적용되어야 하기 때문이다.

외국인 재난지원금 지급 문제가 한창 논란이 되었을 당시 국가인권위원회는 2020년 6월 11일 발표한 권고문에서 "재난긴급지원금 정책을 수립·집행하면서 주민으로 등록되어 있는 외국인주민을 달리 대우하고 있는 것은 합리적 이유 없는 차별로 평등권 침해에 해당하므로, 재난긴급지원금 정책에서 외국인주민이 배제되지 않도록 관련 대책을 개선할 것"을 권고했다. 또한 한

국이주센터와 이주노동희망센터 등은 2020년 8월 28일 성명문을 내고 "코로나 19로 경제 위기에 몰린 주민들의 생활 안정을 위해 지급하는 지원금이 국적과 체류 자격을 기준으로 차별 적용돼서는 안 된다"고 주장하며 외국인에게도 재난지원금을 "평등하게" 지급할 것을 요구했다. 이러한 권고와 요구를 받아들여 서울시는 서울시에 외국인 거소등록을 신고한 지 90일이 넘었고 국내에서 합법적으로 취업·영리 활동이 가능한 체류자격을 가진 외국인 주민을 대상으로 2020년 8월 31일부터 접수를 시작하여 가구원 수에 따라 30만 원부터 최대 50만 원까지 '재난 긴급생활비'를 지원했다. 이외에도 경기도를 비롯한 몇몇 지방자치단체는 예산을 추가로 마련하여 외국인 주민들에게도 내국인 주민들에게 지원한 금액과 동일한 금액의 재난지원금을 지급했다. 이처럼 국가인권위원회, 시민단체, 지방자치단체는 외국인 재난지원금 지급 문제에 대해 전향적인 입장을 보여주었지만 아직까지 많은 국민들은 외국인에 대한 재난지원금 지급을 "국민에 대한 역차별" 또는 "세금 퍼주기"로 인식하고 있는 것이 현실이다. 바이츠와 포기를 비롯한 범세계주의자들의 '세계정의론'은 이러한 인식이 공정과 정의의 원칙에 어긋날 수 있음을 다시 한 번 일깨워준다.

결론 ——————————— 공정은 인정과 합의의 과정이다

||┐||

승자에게는 축복을, 패자에게는 좌절을?

공정은 정의로운가? 공정하기만 하면 모든 것이 정의로운가? 공
정과 정의는 무엇인가?

　　이러한 질문은 동서고금을 떠나 사회적으로 가장 중요한
논제 가운데 하나였다. 특히 자본주의 발전과 함께 빈부격차가
확대되면서 대부분의 선진국에서 공정과 정의는 핵심적인 사회
문제가 되었다. 앞에서 살펴본 롤스, 노직, 드워킨, 센은 각각 결
과, 과정, 수단, 역량 등 분배의 한 측면에 초점을 맞춰, 왈저는 다
원주의의 관점에서, 영은 분배를 넘어 거시적인 구조적·제도적

관점에서 공정과 정의를 실현하기 위한 다양한 원칙을 제시한다. 그렇다면 우리 사회가 인식하고 있는 공정과 정의의 원칙은 무엇인가?

서론에서 언급한 바와 같이 우리 사회는 '개인주의적 능력주의'를 중심으로 공정과 정의의 문제에 접근하고 있다. 자원과 재화, 기회 등의 분배를 놓고 경쟁이 치열해진 상황에서 개인의 '능력', 특히 '객관적인' 시험 또는 공개 경쟁을 통해 검증된 '능력'을 기준으로 '능력에 따라' 분배하는 것이 가장 공정하다는 능력주의가 많은 사람들의 공감을 얻고 있다. 또한 개인주의가 만연하면서 사회 정의나 공공 복리, 국가 이익 등 대의명분을 위해 개인의 이익과 권리를 침해하는 것은 불공정하다는 인식이 청년 세대를 중심으로 확산하고 있다.

이러한 개인주의적 능력주의는 2장에서 살펴본 노직의 자유지상주의적 정의론과 여러 측면에서 유사하다. 노직은 개인의 권리의 절대성, 특히 재산권의 절대성을 주장하며 공공 복리 증진과 사회 정의 실현을 위한 재분배에 반대한다. 노직은 또한 분배의 최종 결과에 초점을 맞춘 공리주의와 롤스의 정의론을 비판하며 소유물 취득과 이전 과정이 정당할 경우, 즉 법을 위반하지 않고 '게임의 룰' 안에서 개인들이 자신의 노동을 투입해 가치를 창출하고, 이렇게 창출한 가치를 자발적으로 교환, 증여, 양도, 유증한 경우 분배 결과가 사회 전체적으로 아무리 불평등하더라도 그 자체로 공정하고 정의로운 것으로 간주되어야 한다고 주장한다.

개인주의적 능력주의는 이처럼 개인의 권리의 절대성 그리고 재산 취득과 이전 과정에서의 정당성과 공정성을 강조하는 노직의 자유지상주의적 정의론에 기반한 공정 담론으로, 과거 우리 사회에 만연한 반칙과 특권을 배격하고 '기회의 평등'과 '법 앞의 평등'을 중요한 사회적 가치로 부각시켰다는 점에서 우리 사회의 발전에 긍정적인 영향을 미쳤다. 개인주의적 능력주의가 부상하면서 돈이 많다는 이유로, 힘센 권력, 이른바 '빽'이 있다는 이유로, 또는 '연줄'이 있다는 이유로 입시나 취직, 승진 등에서 편의를 봐주거나 우대하는 일은 점점 어려워졌다. 또한 의사결정 과정에 부당하게 개입해 결과를 조작하거나, '좋은 게 좋은 거'라는 식으로, 또는 관행이라는 이유로 특권과 특혜를 정당화하는 일도 사회적 지탄의 대상이 되었다. '대한민국은 라인이다'라고 이야기하면 돌아오는 말은 '꼰대'밖에 없다. 누구나 부러워하는 좋은 대학에 입학하고, 누구나 부러워하는 좋은 직장에 취직해 좋은 자리에 오르기 위해서는 과거처럼 '돈', '빽', '연줄'에 의존하기보다 '노력'을 통해 '능력'을 증명해야 한다. 사회는 투명해졌고, '꼼수'는 설 자리를 잃어가고 있다.

그러나 이러한 긍정적 기여에도 불구하고 개인주의적 능력주의가 공정의 기준으로 '경쟁'과 '능력'만을 강조하다 보니 경쟁에서 이길 수 있는 능력이 있는 사람들에게는 축복이지만, '능력이 부족하거나' 능력을 발휘할 수단과 기회가 부족한 사람 또는 경쟁을 통해 검증될 수 없는 다른 능력을 갖고 있거나 경쟁에 부적합한 능력을 갖고 있는 사람들에게는 '패배의 좌절'만을 안겨다 준다. 샌델이 『공정하다는 착각*The Tyranny of Merit*』에서 적절하게 지적했듯이 능력주의는 성공을 자신의 능력에 의해 성취된 것으로, 반면 실패는 능력이 부족해 실패한 것으로 포장함으로써 일종의 '성공 신화'를 만드는 데 기여하는 동시에 경쟁에서 탈락한 실패자들의 존재 가치와 자긍심을 해치는 역할을 한다.

'물고기 잡기'에 비유하면 개인주의적 능력주의는 물고기 잡는 능력이 뛰어나고 그러한 능력에 걸맞은 좋은 낚싯대와 좋은 고깃배를 가진 사람에게는 부와 명예를 보장해준다. 그러나 그렇지 못한 사람들, 예를 들어 물고기 잡는 능력은 뛰어나지만 이를 발휘할 수 있는 좋은 낚싯대와 좋은 고깃배가 없는 사람(드워킨, 자원의 평등 이론), 또는 좋은 운동 신경과 잠재력을 갖고 있지만 물고기 잡는 능력을 기를 수 있는 실질적 기회가 없었던 사람(센, 역량 중심 정의론), 아니면 물고기 잡는 능력 대신 피리 부는 능력이나 달리기 능력처럼 다른 능력이 뛰어나거나 혼자서는 물고기를 잘 잡지 못해도 협업 능력이 뛰어난 사람(왈저, 다원주의적 정의론) 또는 여러 가지 제도적 제약과 구조적 억압, 또는 "물고기 잡는 일은 여자가 할 일이 아니야"와 같은 사회적 편견 때문에 물고기 잡기에서 아예 배제된 사람(영, 정의와 차이의 정치 이론) 등 다른 유형의 사람들에게는 '합당한' 보상을 보장해주지 못한다. 그렇다면 '객관적인' 시험 또는 공개 경쟁을 통해 검증된 '능력'에 따라 자원과 재화, 기회를 분배하는 개인주의적 능력주의는 정말 공정한가?

|ˌıˌı|

형식적 평등이 공정과 정의는 아니다

최근 개인주의적 능력주의가 우리 사회의 지배적인 공정 담론으로 부상하면서 한계와 부작용을 지적하는 비판 또한 거세게 일고 있다. 프레시안과 참여사회연구소가 공동으로 기획한 《시민정치시평》에서 한길석 중부대학교 교수, 전주희 서교인문사회연구실 연구원, 김정희원 애리조나주립대학 교수는 공통적으로 능력주의와 맞물린 공정성 담론이 우리 사회의 "원자화와 해체를 가속화하고 불평등에 대한 문제 제기를 원천적으로 불가능하게 만드는 기능을 하고" 있다고 비판한다.[1] 또한 사회비평가 박권일은 『한국의 능력주의』에서 우리 사회의 능력주의가 기회와 과정의 근본적 불평등, 즉 실질적 불공정을 은폐하고 형식적 공정성에만 집중하게 만든다고 비판한다. 3장과 4장, 6장에서 살펴본 드워킨과 센, 영의 정의론은 이러한 비판을 이론적으로 뒷받침하는 강력한 논거를 제시한다.

우선 드워킨의 관점에서 볼 때 개인주의적 능력주의는 '출발선상에서 자원의 평등'의 중요성을 간과한다. 앞서 살펴보았듯이 드워킨은 공정과 정의의 가장 중요한 전제 조건으로 "사람들이 평등한 조건하에서 시장에 들어온다"는 점을 강조한다.[2] 출발선상에서 자원이 불평등하게 분배된 상태에서 경쟁을 시작하게 된다면, 그 이후 자원 분배 과정이 아무리 공정하게 이루어지더라도 전체적인 분배가 공정한 것으로 받아들여질 수 없다. 최근 20~30대를 중심으로 나타나고 있는, 이른바 '엄빠 찬스'에 대한 반발은 이러한 맥락에서 이루어지고 있다. 그러나 아직은 경쟁 과정에 부모가 개입해 '게임의 룰'을 어기는 것, 예를 들어 대학 입시에서 스펙을 허위로 만들거나 인맥을 동원해 취업을 청탁하는 것 등에 대한 문제 제기에 그치고 있을 뿐 좀 더 근본적인 문제, 즉 경쟁을 시작하기 이전 단계에서 어떻게 자원의 평등을 이룰 것인가의 문제로 나아가지 못하고 있다. 오히려 개인주의적 능력주의의 중요한 축이 특혜와 특권의 철폐이다 보니 자원의 평등을 실현하기 위해 '출발 운'이 나쁜 사람들을 지원하는 것에 대해 '특권 철폐'라는 잣대를 들이대며 반대한다. 개인주의적 능력주의가 좀 더 설득력을 갖추기 위해서는 경쟁을 시작하기 이전 단계에서 자원의 평등을 실현하는 문제, 예를 들어 상속세나 증여세 등 세금을 통해 일종의 기금을 마련하고 이러한 기금으로 '출발 운'이 나쁜 사람들에게 적절한 사회적 보상을 제공하여 출발선상에서 자원의 평등을 최대한 실현하는 문제에 대해 지금보다 더 많은 관심을 기울여야 한다.

개인주의적 능력주의는 또한 센이 강조하는 '역량의 평등'의 중요성을 간과한다. 센은 공정과 정의의 중요한 조건 가운데 하나로 역량의 평등, 즉 자신이 원하는 바를 실제로 선택하거나 실행할 수 있는 실질적 기회의 평등을 강조한다. 기본 재화나 자원 같은 '성취 수단'의 평등에 초점을 맞출 경우, 수단을 실질적 자유로 전환하는 과정에 나타나는 전환 능력의 차이, 즉 역량의 불평등을 간과하게 된다. 이러한 센의 관점에서 볼 때 개인주의적 능력주의는 과정에 초점을 맞추고 있다는 점에서는 긍정적이지만, 형식적 기회 균등에만 초점을 맞추다 보니 역량의 차이로 인해 발생하는 실질적 자유의 불평등을 간과하는 한계가 있다. 예를 들어 동일한 기본 재화와 자원을 가진 사람이라 하더라도 장애나 임신, 사회적 차별 등으로 인해 사람마다 이러한 수단을 자신이 원하는 기능으로 전환하는 능력, 즉 역량이 다를 수밖에 없는데 개인주의적 능력주의는 이러한 차이를 간과한다. 역량 불평등으로 인한 문제를 해결하기 위해서는 기본 재화나 자원의 분배뿐만 아니라 교육이나 복지를 통해 사회 전체적으로 개인의 역량을 강화하고 실질적 기회와 자유를 증진할 수 있는 방안에 대한 진지한 고민이 필요하다.

개인주의적 능력주의는 또한 영이 강조하는 착취와 주변화, 무력화, 문화제국주의, 폭력 등 우리 사회에 존재하는 다양한 형태의 구조적 억압과 지배의 문제를 간과한다. 영은 현대 정의론의 분배 패러다임을 비판하며 거시적인 차원에서 구조적 억압과 지배의 철폐, 소수자 집단의 정체성과 차이의 인정 등이 정의론의 핵심이 되어야 한다고 강조한다. 물론 분배 문제가 중요하지 않은 것은 아니지만 정의가 포괄하는 영역은 단순한 분배 공정성보다 범위가 넓으며, 우리가 추구하는 다양한 정의의 가치와 민주주의를 실현하는 데 필요한 사회구조와 제도를 만드는 것이 분배 공정성보다 더 중요한 정의의 과제다. 머리말에서 예로 든 노예해방 선언은 분배 패러다임의 관점에서는 절대적으로 불공정한 조치이지만, 영이 강조하는 정의의 관점에서는 절대적으로 올바르고 정의로운 일이다. 마찬가지로 인천국제공항공사의 비정규직 정규직화 논란도 정규직 일자리를 누구에게 나눠줄 것인가라는 분배의 문제로 접근할 경우 절대적으로 불공정한 조치이지만 영이 강조하는 정의의 관점에서 고용 제도의 차별 철폐 문제로 접근할 경우 올바르고 정의로운 조치로 볼 수 있다. 정의의 요구는 때때로 분배 공정성을 넘어선다. 분배 패러다임의 관점에서 불공정한 것이 보다 거시적이고 제도적인 정의의 관점에서는 올바르고 정의로운 것으로 간주될 수 있다. 개인주의적 능력주의는 그러나 거시적인 차원에서 구조적 억압과 지배의 철폐 문제를 간과한 채 모든 것을 분배의 문제로만 접근하려 한다. 영의 정의론은 우리 사회가 개인주의적 능력주의가 강조하는 분배 공정성, 특히 기회 균등 차원에서의 형식적 공정성뿐만 아니라 노예해방 사례에서 나타나는 구조적 억압과 제도적 차별 철폐라는, 보다 거시적인 차원에서의 정의의 문제를 함께 고려할 것을 요구한다.

|ᵢᵢ|

'획일성'이 아니라 '다양성'을

그렇다면 '실제로' 공정하고 정의로운 사회를 만들기 위해 개인주의적 능력주의 대신 어떠한 공정 담론이 필요할까? 5장에서 살펴본 왈저의 정의론은 우리 사회의 공정 담론이 무엇보다도 다양성을 인정하는 방향으로 나아가야 함을 시사한다. 왈저는 다원주의 사회에서 공정과 정의의 기준이 분배 영역마다 다를 수 있다는 점을 강조하며 '복합 평등'의 실현을 다원주의 사회가 추구해야 할 정의의 목표로 제시한다. 모든 분배 영역에 공통적으로 적용 가능한 보편적인 분배 기준은 존재하지 않으며 재화의 사회적 의미에 따라 분배 영역마다 다른 분배 기준이 존재할 뿐이다. 안전과 복지의 분배는 필요에 따라, "돈으로 살 수 있는" 상품의 분배는 시장 원칙에 따라, 공직의 분배는 "공개 경쟁"을 통해, 사회를 위해 꼭 필요하지만 가능하면 서로 떠맡지 않으려 하는 병역과 같은 "고된 일"의 분배는 모든 시민이 번갈아 맡는 식으로 분배가 이루어져야 한다. 더 나아가 기초 교육은 모든 시민

에게 보편적으로 제공되어야 하지만 전문가를 양성하기 위한 전
문 교육은 학생 개인의 흥미와 능력, 재능에 따라 선별적으로 제
공되어야 한다.

　　　이러한 왈저의 관점에서 우리 사회의 모습을 살펴보면 단
하나의 보편적인 기준과 보편적인 원칙만으로 공정과 정의를 평
가하는 것은 불가능해 보인다. 한편에서는 기회 균등과 보편적 지
원이 필요한 영역도 있고, 다른 한편에서는 사회적 약자를 배려하
기 위한 차등적 지원이 필요한 영역도 있다. 부의 취득과 이전 과
정에서 공정성 확보가 필요한 영역도 있고, 출발선상에서의 평등
이 필요한 영역도 있다. 남녀 간 또는 계층 간 역량의 평등 실현이
필요한 영역도 있고, 사회적 약자와 소수자에 대한 구조적 억압과
제도적 차별을 철폐하기 위해 우대 제도가 필요한 영역도 있다.
우리에게 필요한 공정 담론은 경쟁과 능력이라는 획일적인 단 하
나의 방식과 단 하나의 기준이 아니라 영역에 따라 다양한 분배
방식과 다양한 분배 기준을 함께 고려할 수 있는, '다양성'을 포용
할 수 있는 담론이다.

　　　그러나 이처럼 영역에 따라 공정의 기준과 정의의 원칙이
다를 수 있다는 점을 인정한다고 해서 모든 기준과 원칙을 그대
로 인정할 수는 없다. 왈저가 언급했듯이 다원주의가 "프로크루
스테스의 침대와 같은 획일적 기준"을 요구해서도 안 되지만, 그
렇다고 아무런 원칙도 없이 모든 기준을 다 받아들일 수는 없다.

다원주의에도 "선택을 정당화하는 원칙이 있어야 하고 그러한 제반 선택의 한계를 설정하는 원칙이 있어야만" 한다.[3] 각각의 영역이 다른 기준과 다른 원칙을 필요로 한다는 점을 인정하면서도 동시에 각각의 영역에 적합한 기준과 원칙을 선택하고 결정해야 한다. 결과의 평등, 과정의 평등, 수단의 평등, 역량의 평등 가운데 어떠한 평등이 어떠한 영역에 적합한 공정의 기준인지 선택해야 하고, 또한 어느 영역에서 보편적 지원을 제공하고 어느 영역에서 선별적 지원을 제공할지, 어느 영역에서 기회 균등의 원칙을 적용하고 어느 영역에서 소수자 우대 원칙을 적용할지 결정해야 한다. 모든 영역에 적용 가능한 획일적인 기준과 획일적인 원칙은 없지만, 각각의 영역에 적합한 몇 개의 기준과 몇 개의 원칙은 분명 존재한다.

    이러한 점에서 우리 사회의 공정 담론이 최우선으로 염두에 두어야 할 사항은 분배 영역마다 공정의 기준과 정의의 원칙이 다를 수 있음을 인정하고, 그러한 전제 위에 각각의 영역에 적합한 기준과 원칙에 대해 '사회적 합의'를 도출하는 일이다. 사실 공정과 정의가 본질적으로 무엇인지 묻는 것은 의미가 없다. 시대와 지역에 따라, 그리고 영역에 따라 저마다의 공정과 저마다의 정의가 있을 뿐이다. 공정과 정의를 한마디로 정의하는 것은 사실상 불가능하며 현대 사회에 적합하지도 않다. 개인주의적 능력주의는 그 자체가 잘못이라기보다는 '그것만이' 옳다는 방식으로 획일적이기 때문에 문제다. 중요한 것은 '공정이란 무엇인가'에 대한 답 자체가 아니라 그것을 찾아가는 '사회적 합의의 과정'에 있다.

물론 이러한 합의 도출이 쉽지는 않다. 특히 이념, 지역, 계층, 세대, 성별 등 다양한 영역에서 갈등이 날로 심화하고 있는 상황에서 모든 공정의 기준과 정의의 원칙에 대해 합의하는 것은 어쩌면 불가능한 일일지도 모른다. 그러나 합의가 어렵다고 해서 공정과 관련한 사회적 논란과 갈등을 그대로 방치할 수는 없다. 우리 사회가 좀 더 좋은 방향으로 나아가기 위해서는 공정의 기준과 정의의 원칙에 대한 사회적 합의 도출이 무엇보다 중요하다. 그리고 이를 위해서는 이념에 따른 정치 공방 대신 어느 분야, 어느 영역에서 어느 종류의 공정성이 문제가 되는지, 그리고 어느 정도의 불공정성이 사회적으로 용인될 수 있는지, 더 나아가 사회전체의 공정성을 높이기 위해 필요한 사안은 무엇인지 등에 대한 사회적 토론과 논의가 절실하다. 그렇다면 어떠한 방식으로 사회적 합의를 도출할 것인가?

|ı|ı|

불만과 과잉이 아닌, 최선의 수단

가치 다원성pluralism을 특징으로 하는 자유민주주의 사회에서 합의를 도출하는 방식으로 롤스는 "중첩적 합의overlapping consensus" 개념을 제시한다. 이 개념은 롤스가 후기 대표작인 『정치적 자유주의』에서 강조하는 개념으로, 롤스는 자유민주주의 사회가 정의의 원칙을 포함한 규범적 원칙에 대해 합의를 도출하는 정치적 과정에 초점을 맞춰 다양한 세계관, 문화, 종교, 이념을 가진 사람들이 자신들의 입장을 유지하는 가운데 서로 공유하는 규범적 원칙에 대해 합의할 수 있다고 주장하며, 이를 '중첩적 합의'로 부른다. 쉽게 말해 서로 다른 세계관과 서로 다른 문화, 종교, 이념을 가진 집단이더라도 합리적인 이성을 가진 집단 사이에는 사회의 규범적 원칙과 관련하여 일정 부분 중첩되는 '교집합'이 존재할 수 있고, 그러한 교집합 부분에 대해 합의가 가능하기 때문에 이러한 합의를 바탕으로 그 사회 안에서 보편적으로 적용 가능한 규범적 원칙을 도출할 수 있다는 것이다.[4]

우리 사회의 경우도 서로 다른 공정의 기준과 서로 다른 정의의 원칙을 갖고 있는 다양한 집단이 존재하지만, 이러한 다양한 집단 사이에 공정의 기준과 정의의 원칙에 대해 일정 부분 중첩되는 교집합이 존재한다. 대학 입시에서 교육 여건이 열악한 저소득층과 장애인 등을 배려해 정원 외로 몇 명을 추가 선발하는 기회균형전형과 독거노인을 비롯해 경제적으로 위기에 몰린 가구에 매달 일정 금액의 생계비를 지원해주는 국민기초생활보장제도 등에 대해 논란은 있지만, 그래도 이 정도의 '불공정'은 사회 전체적으로 용인할 수 있다는 사회적 합의가 존재한다. 이외에도 장애인의 취업 기회 확대를 위해 전체 피고용인 가운데 일부를 장애인으로 고용하도록 의무화한 '장애인 고용의무제도', 국가유공자 또는 국가유공자 자녀가 국가기관, 지방자치단체 또는 공공기관에 취업할 때 가산점을 부여하는 '국가유공자 가산점 제도' 등에 대해서도 일부 논란은 있지만 "용인 가능한 수준의 불공정"이라는 사회적 합의가 존재한다. 이처럼 여러 집단이 공감할 수 있는 합의를 바탕으로 우리 사회가 점차 공정의 기준과 원칙에 대한 합의의 범위를 넓혀가야 한다. 그리고 이러한 과정에서 무엇보다 중요한 것은 지금 위기에 처한 '민주주의'의 가치를 다시 돌아보는 것이다.

전 세계적으로 정치 양극화와 함께 포퓰리즘이 발흥하면서 "민주주의에 대한 불만"이 증가하고 있다. 영국 케임브리지대학 미래민주주의센터가 전 세계 154개국에서 약 3,500회의 설문을 통해 400만여 명을 대상으로 민주주의에 대한 만족도를 조사한 결과에 따르면, 자국 민주주의에 대해 불만족스럽다고 응답한 비율이 1995년 48%에서 2019년 58%로 상승해 역대 최고치를 기록했다. 특히 2008년 금융위기로 인한 '경제적 충격'과 2010년대 중반 이후 난민과 이민자에 반대하는 포퓰리즘이 발흥하면서, 미국은 물론 유럽 각국에서 민주주의에 대한 만족도가 급격하게 낮아졌다. 영국의 경우 민주주의에 불만을 가진 사람의 비율이 1995년 47%에서 2005년 최저치인 33%까지 떨어졌지만 이후 지속적으로 상승해 2019년 실시된 설문조사에서 이 비율은 61%까지 상승했다. 미국은 자국 민주주의에 대해 만족한다고 응답한 비율이 1995년부터 2005년까지 대략 75% 수준이었으나 이후 지속적으로 하락하여 2019년 조사에서는 50% 미만으로 떨어졌다.

우리나라도 1987년 민주화 이후 시간이 지나며 정치 불신과 "민주주의 과잉"에 대한 우려가 증가하면서 민주주의에 대한 불만이 최근 급격하게 증가하고 있다. 일부에서는 민주주의를 우리 사회가 직면한 문제를 해결하는 해결책으로서가 아니라 오히려 사회 갈등을 유발하고 나라 재정을 파탄 내는 원인으로 지목하기도 한다. 민주주의 때문에 복지 포퓰리즘이 유행하고 국가 재정이 파탄난다거나 민주주의가 사회 갈등을 해소하고 공공선을 성취하기 위한 수단이 아니라 집단 이기주의를 관철하는 수단으로 변질되었다는 불만이 여기저기서 제기되고 있다. "먹고살기도 힘든데 무슨 민주주의냐", "민주주의가 밥 먹여주냐"고 이야기하며 강력한 리더가 통치하는 체제의 필요성을 주장하기도 하고, 극단적인 사례이지만 특정 인터넷 커뮤니티에서는 "민주화"라는 용어를 경멸적인 의미로 사용하기까지 한다.

그러나 다양한 가치관과 이해관계를 가진 개인들이 함께 살아가는 현대 사회에서 민주주의의 가치는 결코 무시될 수 없다. 특히 공정의 기준과 정의의 원칙에 대해 사회적 합의를 도출하는 과정에서 이해 당사자들이 참여해 합리적 대화와 토론을 통해 다수가 공감할 수 있는 공정의 기준과 정의의 원칙을 만들어가는 민주적 의사결정 과정은 매우 중요하다. 누구나 공감할 수 있는 공정의 기준과 정의의 원칙을 만드는 것도 중요하지만 그 기준과 원칙을 '누가', '어떻게' 만드느냐에 따라 전혀 다른 효과가 나타나기 때문이다. 아무리 내용적으로 좋은 기준과 원칙이더라도 당사자의 참여가 배제된 채 외부에서 만들어져 강제된다면, 이러한 기준과 원칙이 당사자의 공감을 얻기는 쉽지 않다. 이해 당사자들이 의사결정 과정에 참여해 자신들의 목소리를 적절히 반영할 수 있도록 '민주적 의사결정 구조'를 만드는 일은 신의 권위나 초자연적인 힘에 기대어 의사결정을 정당화하는 것이 불가능해진 현대 사회에서 사실상 의사결정의 정당성을 보장해줄 수 있는 유일한 길이다. 영이 언급했듯이, 민주적 의사결정이 항상 완벽한 것은 아니지만 그럼에도 불구하고 "더 큰 정의를 향한 법적·행정적·사회적 변화를 가져오기 위해서는" 반드시 거쳐야만 하는 "필수적인" 과정이며,[5] "부정의의 조건을 변화시키고 정의를 촉진하는 최선의 수단"이다.[6]

　공정 문제 해결을 위해 우리 사회가 다시 한 번 의사결정 과정에 이해 당사자들의 참여를 강조하는 민주주의의 가치에 주목해야 할 것으로 보인다. 민주주의 없이 공정과 정의에 대한 사회적 합의는 불가능하다. 분배 문제에만 초점을 맞춘 좁은 의미의 공정을 넘어 당사자가 참여하는 민주주의를 통해 보다 포괄적인 차원에서 정의를 실현하는 것이 필요하다. 공정을 넘어 민주주의와 함께 정의로!

서론. 개인주의적 능력주의는 공정한가

1 　김범수, 「'공정'이란 무엇인가」, 《한겨레》, 2020년 7월 13일.

2 　Aristotle, *The Nicomachean Ethics*(Oxford: Oxford University Press, 2009), 1129a-b, 1131a-b; 강상진·김재홍·이창우 옮김, 『니코마코스 윤리학』(도서출판 길, 2011), 161, 169쪽.

3 　Aristotle, 앞의 책, 1130a; 169쪽.

4 　Aristotle, *The Politics*(Cambridge: Cambridge University Press, 1984), 1280a; 천병희 옮김, 『정치학』(도서출판 숲, 2009), 155쪽.

5 　Aristotle, 앞의 책, 1254b; 29쪽.

6 　Aristotle, 앞의 책, 1254b; 29쪽.

7 　아리스토텔레스에 따르면, 모든 자유민(free man)이 시민은 아니다. 시민은 재판업무와 공직에 참여할 수 있는 동등한 지위를 갖는 자유민으로 정치 공동체, 즉 국가를 구성한다. 반면 자유민이라 하더라도 재류외국인(metoikos)과 공직에 나갈 수 없는 직공은 진정한 시민으로 볼 수 없다. Aristotle, 앞의 책, 1275a, 1278a; 132, 147쪽.

8 　Aristotle, 앞의 책, 1282b; 168쪽.

9 　Aristotle, 앞의 책, 1280a-b; 156~157쪽.

10 　Aristotle, 앞의 책, 1283a; 169쪽.

11 　Aristotle, 앞의 책, 1283a; 170쪽.

12 　Aristotle, 앞의 책, 1279a-b; 150~152쪽.

13 　Jean-Jacques Rousseau, *The Social Contract and Other Later Political Writings*(Cambridge: Cambridge University Press, 1997), pp. 62~63.

14 　Kai Nielsen, "Radical Egalitarian Justice: Justice as Equality", *Social Theory and Practice*(Spring 1979), vol. 5, no. 2, pp. 209~212.

15 Nielsen, 앞의 글, pp. 211~212.

16 Nielsen, 앞의 글, p. 219.

17 John Rawls, *A Theory of Justice*(Cambridge, MA.: Harvard University Press, 1971), p. 546.

18 Julian Lamont and Christi Favor, "Distributive Justice", *Stanford Encyclopedia of Philosophy*. https://plato.stanford.edu/

19 Joseph Schumpeter, *Capitalism, Socialism, and Democracy*(New York: Harper, 2008).

1장. 선별적 복지는 공정한가

1 Henry S. Richardson, "John Rawls(1921-2002)", *The Internet Encyclopedia of Philosophy*, ISSN 2161-0002. https://www.iep.utm.edu/

2 Will Kymlicka, *Contemporary Political Philosophy: An Introduction*(Oxford: Clarendon Press, 1990), p. 11.

3 실례로 재난지원금 관련 논란이 한참 진행 중인 당시 김상조 청와대 정책실장은 "가장 많은 피해를 보신 분들한테 가장 두텁게 지원하는 것이 효율적이면서도 공정하다"고 주장하며 재난지원금의 선별적 지원을 주장했다.

4 2000년 도입된 국민기초생활보장제도 관련 내용에 대해서는 국가법령정보센터, 「국민기초생활보장법(법률 제6024호, 1999년 9월 7일 제정, 2000년 10월 1일 시행)」참고. https://www.law.go.kr/

5 우리나라의 다양한 복지 제도와 관련 통계에 대해서는 보건복지부와 한국사회보장정보원이 운영하는 복지포털 '복지로'에서 제공하는 「한눈에 보는 복지 정보」참고. https://www.bokjiro.go.kr/

6 Rawls, *A Theory of Justice*, 2nd edition(Cambridge, MA.: Harvard University Press, 1999), p. 4; 황경식 옮김,『정의론』(이학사, 2003), 37쪽.

7 이러한 점에서 롤스는 인간을 단순히 자신의 이익만을 추구하는 이기적 존재로서가 아니라 때로는 자신의 이익을 포기하면서 사회 전체의 정의를 추구하는 '정의감(sense of justice)'을 가진 도덕적 존재로 가정한다. Rawls, 앞의 책, p. 4; 36쪽.

8 Rawls, 앞의 책, p. 20; 59쪽.

9 Rawls, 앞의 책, p. 23; 63쪽.

10 Rawls, 앞의 책, p. 67; 125쪽.

11 Rawls, 앞의 책, p. 3; 36쪽.

12 Rawls, 앞의 책, p. 13; 49쪽.

13 Rawls, 앞의 책, p. 27; 68~69쪽.

14 이와 관련하여 롤스는 "좋음에 대한 옳음의 우선성"이라는 개념을 강조하며 정의의 원
    칙이 "좋음"보다 "옳음"에 주목해야 한다고 주장한다. Rawls, 앞의 책, p. 28; 70쪽.

15 Rawls, 앞의 책, p. 29; 72쪽.

16 Rawls, 앞의 책, p. 3; 36쪽.

17 Rawls, 앞의 책, p. 11; 46쪽.

18 Rawls, 앞의 책, p. 17; 55쪽.

19 Rawls, 앞의 책, pp. 123~126; 202~206쪽.

20 Rawls, 앞의 책, p. 16; 54쪽.

21 Rawls, 앞의 책, pp. 118~119; 196쪽.

22 Rawls, 앞의 책, pp. 53, 266; 105쪽, 400쪽.

23 Rawls, 앞의 책, p. 53; 106쪽.

24 Rawls, 앞의 책, pp. 73~76; 133~137쪽.

25 Rawls, 앞의 책, pp. 65~70; 123~128쪽.

26 Rawls, 앞의 책, pp. 132~135; 215~219쪽.

27 Rawls, 앞의 책, pp. 54~55; 108쪽.

28 Rawls, 앞의 책, p. 266; 400쪽.

29 Rawls, 앞의 책, pp. 265~267; 398~401쪽.

30 Rawls, 앞의 책, pp. 56, 67~70; 110쪽, 126~129쪽.

31 Rawls, 앞의 책, pp. 65~70; 123~128쪽.

32 Rawls, 앞의 책, p. 243; 369쪽. 일반적으로 정부는 누진세율을 적용하여 소득이 많을수
    록 많은 세금을 부과한다. 반면 네거티브 소득세의 경우 정부는 일반적인 소득세와 반
    대로 소득이 적을수록 더 많은 현금을 제공함으로써 분배의 불평등을 보정하려 한다.

33 Rawls, 앞의 책, pp. 245~248; 371~375쪽.

34 Rawls, 앞의 책, p. 235; 358쪽.

2장. 소득 격차는 공정한가

1   Robert Nozick, *Anarchy, State, and Utopia*(New York: Basic Books, 1974), p. ix; 남경희 옮
    김, 『아나키에서 유토피아로: 자유주의 국가의 철학적 기초』(문학과지성사, 1983), 11쪽.

2   로크의 자연권 개념에 대해서는 John Locke, *Two Treaties of Government*(Cambridge:
    Cambridge University Press, 1988), Book II, §§ 4-11, pp. 269~274; 강정인·문지영 옮김,

『통치론』(까치, 2017), 11~14쪽 참고.

3   Nozick, *Anarchy, State, and Utopia*, p. 10; 『아나키에서 유토피아로』, 31쪽.

4   칸트에 따르면, 인간이 자유롭기 위해서는 언제 어디서나 보편타당한 순수 실천이성의 명령, 즉 칸트가 정언명령(categorical imperative)으로 부르는 "네 행위의 준칙이 보편적 법률이 될 수 있도록 행동하라"는 명령과 "모든 인간을 단순히 목적을 위한 수단이 아니라 항상 그 자체로 목적으로 대하라"라는 명령을 항상 준수해야 한다. Immanuel Kant, *Groundwork of the Metaphysic of Morals*, tr. by James W. Ellington(Indianapolis: Hackett, 1993), pp. 30~36. 흥미롭게도 노직은 이러한 칸트의 정언명령을 근거로 개인의 권리의 절대성과 불가침성을 강조한다.

5   Nozick, *Anarchy, State, and Utopia*, pp. 30~31; 『아나키에서 유토피아로』, 54쪽.

6   Nozick, 앞의 책, pp. 32~33; 56쪽.

7   Nozick, 앞의 책, pp. 32~33; 56~57쪽.

8   Nozick, 앞의 책, p. 33; 57쪽.

9   Nozick, 앞의 책, p. 169; 214쪽.

10   Nozick, 앞의 책, pp. 153~154; 196~197쪽.

11   Nozick, 앞의 책, p. 152; 194쪽.

12   Nozick, 앞의 책, pp. 150~153; 192~196쪽.

13   Locke, *Two Treaties of Government*, §§ 27-28, pp. 287~289; 『통치론』, 35~37쪽.

14   실례로 노직은 인간의 노동이 재산권을 발생시킨다는 로크의 주장을 인정하면서도 동시에 얼마만큼의 노동을 어떠한 방식으로 투입해야 자연의 산물을 자신의 소유물로 만들 수 있는지, 그리고 노동을 투입한 경우 소유물의 경계는 어디까지인가와 관련하여 다음과 같은 질문을 던진다. "어느 우주인이 화성의 어느 지역을 청소한 경우 그는 화성 전체에 노동을 가한 것인가(그리고 그 결과 화성 전체를 소유하는가), 사람이 살고 있지 않는 우주 전부인가, 아니면 단지 [화성의] 특정한 부분만인가?", "내가 한 깡통의 토마토 주스를 소유하고 있어 이를 바다에 부어 그 분자들(내가 추적할 수 있도록 방사능이 쬐어진)이 바다 전체로 퍼지게 한다면 나는 이를 통해 바다 전체를 소유하게 되는가 아니면 어리석게 나의 토마토 주스를 허비한 것인가?" Nozick, *Anarchy, State, and Utopia*, p. 175; 『아나키에서 유토피아로』, 221쪽.

15   Nozick, 앞의 책, p. 175; 221쪽.

16   Nozick, 앞의 책, p. 177; 224쪽.

17   Nozick, 앞의 책, p. 151; 193쪽.

18   Nozick, 앞의 책, pp. 163~164; 208~209쪽.

19   Nozick, 앞의 책, pp. 160~162; 204~206쪽.

20 Nozick, 앞의 책, p. 168; 214쪽.

21 Locke, *Two Treaties of Government*, Book II, § 31, p. 290; 『통치론』, 37~38쪽.

22 Locke, 앞의 책, § 46, p. 300; 51쪽.

23 Locke, 앞의 책, §§ 32~33, pp. 290~291; 38~39쪽.

24 Locke, 앞의 책, § 36, pp. 292~293; 41~42쪽.

25 Nozick, *Anarchy, State, and Utopia*, p. 175; 『아나키에서 유토피아로』, 222쪽.

26 Nozick, 앞의 책, pp. 178~179; 226쪽.

27 Nozick, 앞의 책, p. 179; 227쪽.

28 Nozick, 앞의 책, p. 180; 228쪽.

29 Nozick, 앞의 책, p. 180; 228쪽.

30 Nozick, 앞의 책, p. 181; 228~229쪽.

31 Nozick, 앞의 책, p. 182; 230쪽.

32 Nozick, 앞의 책, pp. 32~33; 56~57쪽.

33 최정운, 「미국의 자유주의: 롤스(Rawls)와 노직(Nozick)의 논쟁」, 《미국학》, 20집(1997), 199~200쪽.

3장. 상속과 증여는 공정한가

1 국세청이 2021년 9월 30일 발표한 보도자료 「부모기회를 이용한 고액재산 편법취득 연소자 등 446명 세무조사」에 따르면, 일부 고소득층 부모의 경우 자식의 부동산 취득 과정에서 허위 차입계약을 체결하여 증여를 은닉하거나 고액 채무를 대신 변제하는 방식을 통해, 또는 부모가 신고를 누락하여 '숨긴 소득'을 이용하거나 부모의 조력으로 재산을 축적하고 증여세 신고를 누락하는 등 변칙적인 탈루행위를 통해, 더 나아가 주식 명의신탁과 변칙 자본거래 등 편법 증여를 통해 연소자 자녀들에게 재산을 불법적으로 물려준 혐의가 있는 것으로 드러났다.

2 현재 우리나라의 상속세와 증여세 세율은 기본 공제 및 기타 공제를 제외하고 과세표준이 1억 원 이하는 10%, 1억 원 초과 5억 원 이하는 20%, 5억 원 초과 10억 원 이하는 30%, 10억 원 초과 30억 원 이하는 40%, 30억 원 초과는 50%에 달하고 있다.

3 평등과 정의, 공정에 대한 드워킨의 견해는 그가 1981년 학술지 《철학과 공공문제(*Philosophy and Public Affairs*)》에 발표한 두 편의 논문("What Is Equality? Part 1: Equality of Welfare", vol. 10, no. 3, pp. 185~246과 "What Is Equality? Part 2: Equality of Resource", vol. 10, no. 3, pp. 283~345)에 잘 정리되어 있다. 이후 드워킨은 두 편의 논문

과 평등 관련 다른 논문을 엮어 2000년 하버드대학출판사에서 *Sovereign Virtue: The Theory and Practice of Equality*라는 제목의 책으로 출간했다. "Sovereign Virtue"를 직역하면 "최고의 덕목"이라는 의미에 가깝지만, 이 책을 번역한 염수균은 직역 대신 『자유주의적 평등』이라는 제목을 사용하여 2005년 한길사에서 번역본을 출간했다. 이러한 이유로 본서에서는 이 책을 표기할 때 본문에서는 『최고의 덕목』으로 제목을 표시하고, 주에서는 『자유주의적 평등』으로 출처를 표시했다.

4   Ronald Dworkin, *Sovereign Virtue: The Theory and Practice of Equality*(Cambridge MA.: Harvard University Press, 2000), p. 1; 염수균 옮김, 『자유주의적 평등』(한길사, 2005), 49~50쪽.

5   Dworkin, *Law's Empire*(Cambridge MA.: Harvard University Press, 1986), p. 222.

6   Dworkin, *Sovereign Virtue*, pp. 11~12; 『자유주의적 평등』, 62쪽. 드워킨은 자신의 분배정의론이 정치 영역에서 정치 권력과 권리를 배분하는 문제, 즉 정치적 평등과 관련한 문제를 제외하고 대신 돈(money)과 자원 등을 배분하는 문제에 초점을 맞추고 있음을 명시적으로 밝히고 있다. 즉 권력과 권리 등의 분배에 초점을 맞춘 정치적 평등(political equality) 문제와 물질적 자원과 재산, 재화 및 이들에 대한 권리의 분배에 초점을 맞춘 분배적 평등(distributional equality)을 구분하고(물론 두 가지 문제가 독립적인 문제는 아니지만) 자신의 논의가 후자에 초점을 맞추고 있음을 밝히고 있다.

7   Dworkin, 앞의 책, p. 2; 50쪽. 드워킨은 부의 재분배를 통해 사회 전체적으로 '결과'의 평등을 추구하는 '구좌파'를 비판하며 '수단'의 평등을 추구하는 자신의 입장을 '신좌파'로 부른다.

8   Dworkin, 앞의 책, p. 2; 50쪽.

9   Dworkin, 앞의 책, p. 3; 52쪽.

10   Dworkin, 앞의 책, pp. 73~75; 147~151쪽.

11   Dworkin, "Sovereign Virtue Revisited", *Ethics*, vol. 113, no. 1, pp. 122~123.

12   Dworkin, *Sovereign Virtue*, p. 14; 『자유주의적 평등』, 65~66쪽.

13   Dworkin, 앞의 책, pp. 14~16; 65~67쪽.

14   Dworkin, 앞의 책, p. 14; 65쪽.

15   Dworkin, 앞의 책, p. 285; 446쪽.

16   Dworkin, 앞의 책, p. 65; 136쪽.

17   Dworkin, 앞의 책, pp. 79, 286; 156쪽, 446쪽.

18   Dworkin, 앞의 책, pp. 66~67; 138쪽.

19   Dworkin, 앞의 책, p. 67; 138쪽.

20   Dworkin, 앞의 책, pp. 68~69; 140~141쪽.

21 Dworkin, 앞의 책, p. 73; 147쪽.

22 Dworkin, 앞의 책, pp. 73~74; 147~148쪽. 드워킨의 정의론에서 중요한 개념인 "option luck"과 "brute luck"의 한글 번역과 관련하여 염수균은 "선택적 운"과 "눈먼 운"이라는 용어를 사용한다. 이 가운데 "option luck"을 "선택적 운"으로 번역하는 것은 무리가 없어 보이지만 "brute luck"은 번역이 쉽지 않다. 드워킨이 이 용어를 사용한 원래 의도는 아마도 이러한 운이 야수처럼 상대를 가리지 않고 달려들고, 개인들 또한 이렇게 달려드는 운을 피하거나 선택할 수 없다는 의미에서 "brute"라는 용어를 사용한 것으로 보이나, 똑 떨어지는 번역어를 찾기가 쉽지 않다. 여기서는 "brute luck"이 개인의 선택과 상관 없는 운이라는 측면에 초점을 맞춰 "비선택적 운"으로 번역했다.

23 Dworkin, 앞의 책, p. 287; 447~448쪽.

24 Dworkin, 앞의 책, pp. 76~78, 90~93; 151~154쪽, 171~175쪽.

25 Dworkin, 앞의 책, pp. 347~348; 532~535쪽.

26 Dworkin, 앞의 책, pp. 76~77; 152~153쪽.

27 Dworkin, 앞의 책, p. 77; 153쪽.

28 Dworkin, 앞의 책, pp. 79~81; 156~158쪽. 드워킨이 장애로 인해 발생하는 불평등을 완화하기 위한 방안으로 제시하는 '가상적 보험 시장'의 아이디어는 현재 우리나라에서 시행하고 있는 장애인연금 제도와 유사하다. 다만 장애인연금 제도의 경우 급여액을 정부가 결정하지만 드워킨의 '가상적 보험 시장'은 정부가 아닌 시장에서 결정하는 보험금을 추정하여 보상금을 결정한다는 점에서 다르다. 현재 우리나라의 장애인연금 제도는 만 18세 이상 중증장애인 중 본인과 배우자의 소득과 재산을 합산한 소득인정액이 선정기준액 이하인 자를 대상으로 수급권자 1인 기준 기초급여액 최대 30만 원과 매월 최대 8만 원의 부가급여를 제공하고 있다.

29 Dworkin, 앞의 책, pp. 92~99; 174~184쪽. 여기서 드워킨이 제시하는 '가상적 보험 시장'은 현재 우리나라에서 시행하고 있는 복지제도 가운데 가입자가 실업 상태가 되었을 때 급여를 제공하는 고용보험의 실업급여 제도와 소득 인정액이 일정 금액 이하일 때 제공하는 생계급여 제도와 유사하다.

30 Dworkin, 앞의 책, pp. 348~349; 534~535쪽.

31 드워킨은 출발선상에서의 자원의 평등을 강조하면서도 동시에 자신의 이론이 다른 "출발선 이론(starting-gate theory)", 특히 출발선상에서 모든 개인에게 재산 취득의 기회를 평등하게 배분하고 이후 과정에서는 자유방임을 강조하는 노직의 출발선 이론과는 다르다고 주장한다. 드워킨에 따르면, 먼저 자원의 평등 이론은 단순히 재산 취득의 기회뿐 아니라 실제로 물질적 자원과 재산을 평등하게 분배할 것을 요구한다는 점에서 노직의 출발선 이론과 다르다. 다음으로 자원의 평등 이론은 출발선상에서 자원의 평등을

강조할 뿐 아니라 출발 이후 경쟁 과정에서 '비선택적 불운'에 의해 불평등이 발생할 경우 이러한 불평등에 대한 사회적 보상의 필요성을 강조한다는 점에서 노직의 출발선 이론과 다르다. 앞서 살펴보았듯이 노직은 설령 '비선택적 불운'에 의해 불평등이 발생하더라도 재산 취득과 이전 과정에서 다른 사람을 속이거나 다른 사람의 것을 훔치거나 하지 않는 이상 어떠한 결과가 나오더라도 공정한 것으로 간주하며 사회적 보상의 필요성을 부정한다. Dworkin, 앞의 책, pp. 87~89; 166~169쪽.

32 Dworkin, 앞의 책, p. 70; 143쪽.

4장. 수능 시험은 공정한가

1 롤스와 드워킨의 정의론의 자세한 내용은 각각 1장과 3장 참고.

2 노직의 정의론의 자세한 내용은 2장 참고.

3 Amartya Sen, *Inequality Reexamined*(Cambridge, MA.: Harvard University Press, 1992), pp. 12~13, 130; Amartya Sen, *The Idea of Justice*(London: Penguin Books, 2010), pp. 291~293; 이규원 옮김, 『정의의 아이디어』(한국방송통신대학교출판문화원, 2019), 327~329쪽.

4 센은 소득, 재산, 성취, 생활 수준, 효용, 권리, 기회, 자원, 자유, 역량 등과 같이 개인들 사이의 불평등을 평가하고 측정하는 데 중요한 기준으로 사용될 수 있는 개인의 특정 측면을 지칭하는 용어로 "변수"라는 용어를 사용하고 있으며, 이러한 특정 변수에 의해 비교되는 영역을 지칭하는 용어로 "공간"이라는 용어를 사용한다. Sen, *Inequality Reexamined*, pp. 2~3, 19~21.

5 Sen, *Inequality Reexamined*, p. 16; Sen, *The Idea of Justice*, p. 295; 『정의의 아이디어』, 331~332쪽.

6 Sen, *The Idea of Justice*, pp. 292~293; 『정의의 아이디어』, 329쪽.

7 Sen, *Inequality Reexamined*, pp. 17~19.

8 Sen, 앞의 책, pp. 130~131.

9 Sen, 앞의 책, pp. 19~20.

10 Sen, 앞의 책, pp. 20, 27.

11 Sen, 앞의 책, p. 2.

12 Sen, 앞의 책, p. 131.

13 Sen, 앞의 책, p. 20.

14 Sen, 앞의 책, pp. 20~21.

15 Rawls, *A Theory of Justice*, 2nd edition, p. 16; 『정의론』, 54쪽.

16 Sen, *Inequality Reexamined*, pp. 31~33. 센의 정의론에서 가장 중요한 개념 가운데 하나
    인 'capability'는 국내 학계에서 일반적으로 '역량'으로 번역되고 있으나 실제 의미는 어
    떤 기능을 수행할 수 있는 '능력'에 가깝다. 이러한 점을 고려하여 여기서는 'capability'를
    문맥에 따라 능력 또는 역량으로 번역했다.

17 센에 따르면, 가치 있는 기능을 수행할 수 있는 능력, 즉 역량이 많을수록 실질적으로 더
    많은 자유를 누릴 수 있고 역량이 적을수록 더 적은 자유를 누린다는 점에서 역량은 '성
    취할 수 있는 자유'의 '정도(extent)'를 "반영(reflect)"하고 "나타낸다(represent)." Sen, 앞의
    책, p. 49.

18 Sen, *The Idea of Justice*, pp. 228~229; 『정의의 아이디어』, 258~259쪽.

19 Sen, 앞의 책, pp. 229~230; 259~261쪽.

20 Sen, *Inequality Reexamined*, pp. 31~32.

21 Sen, 앞의 책, p. 54.

22 센의 공리주의 비판에 대해서는 Sen, *Development as Freedom*(New York: Knopf Anchor
    Books, 1999); 박우희 옮김, 『자유로서의 발전』(세종연구원, 2001) 84~90쪽 참고.

23 Sen, *Inequality Reexamined*, pp. 95~97. 앳킨슨의 논의는 Anthony B. Atkinson, "On the
    Measurement of Ineqaulity", *Journal of Economic Theory*, vol. 2, no. 3 (September 1970),
    pp. 244~263 참고.

24 Sen, *Inequality Reexamined*, p. 100.

25 Sen, *Inequality Reexamined*, p. 110; Sen, *The Idea of Justice*, pp. 281~282; 『정의의 아이디
    어』, 317쪽.

26 Sen, *Inequality Reexamined*, pp. 37~38.

27 Sen, *Inequality Reexamined*, pp. 33~34, 81; Sen, *The Idea of Justice*, pp. 65~66; 『정의의 아
    이디어』, 75~76쪽.

28 Sen, *Inequality Reexamined*, pp. 86~87.

29 센은 *Inequality Reexamined* 3장 각주 8번에서 자신의 이러한 자유 개념이 자유를 "자신
    의 통제 아래 개인들이 자유롭게 발전하고 활동하기 위한 조건"으로 정의한 마르크스
    (Karl Marx)의 자유 개념과 유사하다는 점을 강조한다. 마르크스에 따르면, "자유로운
    미래 사회"에서 개인들은 "오늘은 이것을 내일은 저것을 할 수 있으며, 사냥꾼이나 낚시
    꾼, 목동이나 비평가가 되지 않고도 자신이 원하면 아침에는 사냥을 하고, 점심에는 낚
    시를 하고, 저녁에는 소를 키우고, 저녁 식사 후에는 비평하는 것이 가능하다." 센은 마
    르크스의 이러한 자유 개념을 인용하며 자신의 자유 개념이 단순히 방해가 부재하다는
    의미에서의 자유가 아니라 마르크스의 자유 개념이 의미하는 바와 같이 자신이 원하는
    기능을 실질적으로 수행할 수 있는 상태로 정의한다. Sen, 앞의 책, p. 41.

30 1943년 벵골 대기근의 원인에 대한 센의 분석은 Sen, *Poverty and Famines: An Essay on Entitlement and Deprivation*(Oxford: Oxford University Press, 1981) 6장 참고.

31 Sen, *The Idea of Justice*, pp. 295~296; 『정의의 아이디어』, 332쪽.

32 Sen, 앞의 책, pp. 296~297; 333~334쪽.

33 Sen, 앞의 책, p. 298; 335쪽.

34 Sen, 앞의 책, pp. 232~233; 263쪽.

35 Sen, 앞의 책, p. 298; 335쪽.

36 센은 자신의 또 다른 대표작인 『자유로서의 발전』에서 발전(development), 즉 사회 진보를 빈곤, 압제, 빈약한 경제적 기회, 체계적으로 이루어지는 사회적 박탈, 공공시설의 부실, 국가의 과도한 억압과 같이 개인의 자유를 제한하고 침해하는 요소를 제거하고 줄이는 일로 정의한다. 이러한 센의 관점에서 볼 때 '공정'은 사회 발전의 중요한 측면이긴 하나 그 자체가 사회 발전의 목표는 아니다. 센에 따르면, "진보는 일차적으로 사람들의 자유가 증진되었는가의 여부에 의해 평가"되어야 하며 발전의 성취 여부는 "전적으로 사람들의 자유로운 행위에 달려 있다."

5장. 단순한 평등 분배는 공정한가

1 Michael Walzer, *Spheres of Justice: A Defense of Pluralism and Equality*(New York: Basic Books, 1983), p. 5; 정원섭 외 옮김, 『정의와 다원적 평등: 정의의 영역들』(철학과 현실사, 1999), 33쪽.

2 Walzer, 앞의 책, p. xiv; 20~21쪽.

3 Walzer, 앞의 책, pp. 4~5; 32쪽.

4 Walzer, 앞의 책, pp. 3~4; 30~31쪽. (여기서 고딕체는 원문이 아닌 저자가 강조한 것이다.)

5 Walzer, 앞의 책, p. xiv; 20쪽. 왈저는 이러한 점에서 자신의 논변이 "급진적일 정도로 특수주의적(radically particularistic)"이라는 사실을 인정한다.

6 Walzer, 앞의 책, p. 6; 34쪽.

7 프로크루스테스(Procrustes)는 그리스 신화에 나오는 포악한 거인으로, 아테네 교외 언덕에 살면서 길을 지나가는 사람들을 집으로 초대해 침대에 눕힌 후 키가 침대보다 크면 다리를 자르고 키가 침대보다 작으면 다리를 억지로 늘려 사람을 죽였다고 한다. 왈저는 이러한 그리스 신화를 인용하며 정의론이 획일화된 하나의 원칙만을 추구해서도 안 되지만 동시에 아무런 원칙도 없이 모든 기준을 다 승인해서도 안 된다고 강조한다.

Walzer, 앞의 책, p. xiv; 20쪽.

8   Walzer, 앞의 책, p. 5; 32쪽.

9   Walzer, 앞의 책, pp. 7~8; 36~37쪽.

10 Walzer, 앞의 책, p. 8; 38~39쪽.

11 Walzer, 앞의 책, pp. 8~9; 39~40쪽.

12 Walzer, 앞의 책, pp. 8~9; 40쪽.

13 Walzer, 앞의 책, p. 10; 41쪽.

14 왈저의 지배(dominance)와 독점(monopoly) 개념에 대해서는 Walzer, 앞의 책, pp. 10~13; 42~46쪽.

15 Walzer, 앞의 책, p. 14; 47쪽.

16 Walzer, 앞의 책, p. 11; 43쪽.

17 Walzer, 앞의 책, p. xi; 15~16쪽.

18 Walzer, 앞의 책, p. 14; 47~48쪽.

19 Walzer, 앞의 책, p. 17; 52쪽.

20 Walzer, 앞의 책, p. 19; 56쪽.

21 Walzer, 앞의 책, p. 17; 52~53쪽.

22 Walzer, 앞의 책, pp. 19~20; 56쪽.

23 Walzer, 앞의 책, p. 20; 57쪽.

24 Walzer, 앞의 책, pp. 31~33; 74~77쪽.

25 Walzer, 앞의 책, p. 62; 120쪽.

26 Walzer, 앞의 책, pp. 67~68; 128~129쪽.

27 Walzer, 앞의 책, p. 75; 141쪽.

28 Walzer, 앞의 책, pp. 97~103; 175~182쪽.

29 Walzer, 앞의 책, pp. 119~120; 205~206쪽.

30 Walzer, 앞의 책, p. 129; 217쪽.

31 Walzer, 앞의 책, p. 155; 255쪽.

32 Walzer, 앞의 책, pp. 131~132; 220~221쪽.

33 Walzer, 앞의 책, pp. 165~168; 270~274쪽.

34 Walzer, 앞의 책, pp. 185, 189; 299, 304쪽.

35 Walzer, 앞의 책, p. 196; 312쪽.

36 Walzer, 앞의 책, pp. 201~211; 318~332쪽.

37 Walzer, 앞의 책, p. 198; 314쪽.

38 Walzer, 앞의 책, pp. 228~229; 353~355쪽.

39 Walzer, 앞의 책, p. 243; 375쪽.

40 Walzer, 앞의 책, p. 258; 400쪽.

41 Walzer, 앞의 책, p. 281; 439쪽.

42 Walzer, 앞의 책, pp. 304~306; 462~464쪽.

6장. 소수자 우대 제도는 공정한가

1 Martha Nussbaum, "Foreword", in Iris M. Young, *Responsibility for Justice*(Oxford: Oxford University Press, 2011), p. ix.

2 Iris M. Young, *Justice and the Politics of Difference*(Princeton: Princeton University Press, 1990); 김도균·조국 옮김, 『차이의 정치와 정의』(모티브북, 2017) 참고. *Justice and the Politics of Difference*를 직역하면 『정의와 차이의 정치』로 번역해야 하지만 김도균·조국의 번역본은 순서를 바꿔 『차이의 정치와 정의』로 제목을 바꿔 달았다. 이러한 이유로 본서에서는 이 책을 본문에서는 『정의와 차이의 정치』로, 주에서는 『차이의 정치와 정의』로 표기했다.

3 Young, *Justice and the Politics of Difference*, p. 19; 『차이의 정치와 정의』, 60~61쪽.

4 Young, 앞의 책, pp. 19~20; 61~62쪽.

5 Young, 앞의 책, p. 20; 62~63쪽.

6 Young, 앞의 책, pp. 21~22; 65~66쪽.

7 Young, 앞의 책, pp. 31~33; 86~88쪽.

8 Young, 앞의 책, pp. 36~37; 97~99쪽.

9 Young, 앞의 책, p. 40; 105~106쪽.

10 Young, 앞의 책, pp. 40~41; 106~108쪽.

11 Young, 앞의 책, p. 40; 104~105쪽.

12 Young, 앞의 책, pp. 50~51; 124~128쪽.

13 Young, 앞의 책, pp. 51~52; 128~130쪽.

14 Young, 앞의 책, p. 53; 131쪽.

15 Young, 앞의 책, p. 53; 131~132쪽.

16 Young, 앞의 책, p. 55; 135쪽.

17 Young, 앞의 책, pp. 56~58; 137~140쪽.

18 Young, 앞의 책, pp. 58~60; 141~145쪽.

19 Young, 앞의 책, p. 152; 329~330쪽.

20   Young, 앞의 책, pp. 61~63; 146~152쪽.

21   Young, 앞의 책, p. 63; 153~154쪽.

22   Young, 앞의 책, p. 9; 38쪽.

23   Young, 앞의 책, p. 38; 99~100쪽.

24   Young, 앞의 책, p. 91; 205~206쪽.

25   Young, 앞의 책, pp. 92~93; 208~211쪽.

26   Young, 앞의 책, pp. 43~44; 111~113쪽.

27   Young, 앞의 책, pp. 46~47; 118~119쪽.

28   Young, 앞의 책, pp. 103~105; 236~240쪽.

29   Young, 앞의 책, p. 164; 353~354쪽.

30   Young, 앞의 책, pp. 166~168; 357~361쪽.

31   Young, 앞의 책, p. 173; 372~373쪽.

32   Young, 앞의 책, pp. 182~183; 391~393쪽.

33   Young, 앞의 책, pp. 194~195; 415~417쪽.

34   Young, 앞의 책, pp. 196~197; 420~421쪽.

35   Young, 앞의 책, pp. 192~193; 412~413쪽.

36   Young, 앞의 책, p. 204; 433~434쪽.

37   Young, 앞의 책, p. 208; 443쪽.

38   Young, 앞의 책, p. 206; 437쪽.

39   Young, 앞의 책, pp. 212~213; 449~450쪽.

40   Young, 앞의 책, pp. 209~210; 443~444쪽.

41   Michel Foucault, *Discipline and Punish*(New York: Pantheon, 1977), pp. 184~185; Young, *Justice and the Politics of Difference*, p. 209; 『차이의 정치와 정의』, 444쪽에서 재인용.

7장. 외국인 재난지원금 지급은 공정한가

1   이재호·김양진·이지혜, 「'이주민 차별' … 5차 재난지원금도 안 바뀐다」, 《한겨레》, 2021년 8월 5일.

2   김범수, 「공동체주의 인권 담론 연구: 권리 향유자와 의무 이행자의 범위 설정 문제를 중심으로」, 《정치사상연구》, 제15집 1호(2009), 62쪽.

3   Hans Morgenthau, *Politics among Nations: The Struggle for Power and Peace*(New York: Alfred A. Knopt, 1948); Kenneth Waltz, *Theory of International Politics*(Reading, MA.:

Addison-Wesley Publishing Company, 1979).

4   Rawls, *A Theory of Justice*, 2nd edition, pp. 6~7, 331~333;『정의론』, 40~41, 491~494쪽.

5   Rawls, 앞의 책, pp. 6~7, 331~333; 40~41, 491~494쪽.

6   Rawls, *The Law of Peoples*(Cambridge, MA.: Harvard University Press, 1999), pp. 114~117.

7   Rawls, 앞의 책, p. 37.

8   Rawls, 앞의 책, pp. 11~12.

9   Rawls, 앞의 책, p. 40.

10 Rawls, 앞의 책, pp. 38, 106, 118~119.

11 Rawls, 앞의 책, pp. 118~119.

12 David Miller, *On Nationality*(Oxford: Clarendon Press, 1995), p. 63.

13 Richard Dagger, "Rights, Boundaries, and the Bonds of Community: A Qualified Defense of Moral Parochialism", *American Political Science Review*, vol. 79, no. 2 (1985), p. 436.

14 Henry Shue, *Basic Rights: Subsistence, Affluence, and US Foreign Policy*(Princeton: Princeton University Press, 1980), pp. 131~132.

15 Nussbaum, "Patriotism and Cosmopolitanism", in Joshua Cohen, ed., *For Love of Country: Debating the Limits of Patriotism*(Boston: Beacon Press, 1996), pp. 7, 13~14.

16 Peter Singer, "Famine, Affluence, and Morality", *Philosophy and Public Affairs*, vol. 1, no. 3 (1972), pp. 231~233.

17 Singer, *The Life You Can Save: How to Do Your Part to End World Poverty*(New York: Random House, 2009), pp. 21~22.

18 Rawls, *A Theory of Justice*, p. 4; 36~37쪽.

19 Charles Beitz, *Political Theory and International Relations*, pp. 132, 151.

20 Beitz, 앞의 책, pp. 174~175. 바이츠는 특히 전 세계적 차원에서 차등의 원칙을 적용할 때 수혜 대상으로 개인 또는 개인들의 집합이 국가에 우선해야 한다고 강조한다. 전 세계적 차원에서 '최소 수혜자'의 범위가 반드시 기존 국가의 경계와 일치하는 것은 아니기 때문이다. 부자 나라에도 전 세계적 차원에서 볼 때 '최소 수혜자'가 존재할 수 있다. 이러한 이유로 바이츠는 "전 세계적 차원에서 차등의 원칙은 그렇고 그런 부자 나라에서 그렇고 그런 가난한 나라로의 이전을 반드시 요구하는 것은 아니"라고 주장한다. 다만 국가가 현재 국제정치에서 세계 정의 실현에 필요한 정책을 실행하는 일차적인 행위자이기 때문에 부자 나라에서 가난한 나라로의 자원 이전은 정의 실현을 위한 일종의 "차선책"이라고 주장한다. Beitz, 앞의 책, pp. 152~153.

21 Beitz, 앞의 책, pp. 128, 172~173.

22 Beitz, "Justice and International Relations", *Philosophy and Public Affairs* vol. 4, no. 4, pp.

373~376.

23 Thomas W. Pogge, "Eradicating Systemic Poverty: Brief for a Global Resources Dividend", *Journal of Human Development*, vol. 2, no. 1 (2001), pp. 61~62.

24 Pogge, *World Poverty and Human Rights: Cosmopolitan Responsibilities and Reforms* (Cambridge, UK: Polity, 2002), p. 142.

25 Pogge, "Eradicating Systemic Poverty", pp. 63~64.

26 Pogge, 앞의 글, p. 66.

27 Pogge, 앞의 글, p. 67.

결론. 공정은 인정과 합의의 과정이다

1 한길석, 「능력주의, 제2의 트럼프 탄생시킬 수 있다: 능력주의와 포퓰리즘」, 《프레시안》, 2021년 3월 4일; 전주희, 「'공정'이라는 허상, 그 틈을 파고든 '능력 독재': '공정'이 배제한 노동은 어떻게 '공정'에 대항하나」, 《프레시안》, 2021년 3월 8일; 「마이클 샌델이 진보라는 착각: 능력주의의 핵심은 불평등과 차별」, 《프레시안》, 2021년 3월 9일.

2 Dworkin, *Sovereign Virtue*, p. 70; 『자유주의적 평등』, 143쪽.

3 Walzer, *Spheres of Justice*, p. 5; 『정의와 다원적 평등: 정의의 영역들』, 32쪽.

4 롤스의 '중첩적 합의' 개념에 관해서는 Rawls, *Political Liberalism*(New York: Columbia University Press, 1993); 장동진 옮김, 『정치적 자유주의』(동명사, 2016) 참고.

5 Young, *Inclusion and Democracy*(Oxford: Oxford University Press, 2000), p. 5; 김희강·나상원 옮김, 『포용과 민주주의』(박영사, 2020), 7쪽.

6 Young, 앞의 책, p. 17; 28쪽.

한국 사회에서 공정이란 무엇인가

공정한 나를 지켜줄 7가지 정의론

1판 1쇄 펴냄 2022년 4월 11일
1판 4쇄 펴냄 2024년 3월 15일

지은이 김범수
펴낸이 김정호

책임편집 신종우
디자인 pingrrrr

펴낸곳 아카넷
출판등록 2000년 1월 24일(제406-2000-000012호)
주소 경기도 파주시 회동길 445-3 2층
전화 031-955-9510(편집) 031-955-9514(주문)
팩스 031-955-9519
홈페이지 www.acanet.co.kr
블로그 blog.naver.com/acanet2001
페이스북 facebook.com/acanet2015

ISBN 978-89-5733-786-8 03300